U0010910

So Easy各行各業　508

一開口就
打中人心

30 堂正向思維溝通課

陳志勇◎著

_____惠閱，

願您擁有自信、愛、語表達技術！

_____敬贈

太雅

一開口就打中人心

在金庸小說的世界當中，一位武林高手必須內功及外功相輔相成，才能從眾多人當中脫穎而出。任何門派在教導入門弟子時，一定會先傳授其「內功心法」，它需要時間經年累月的吸收、學習、內化，才能轉化成內功，就是所謂的打通「任都二脈」；然後再傳授其「外功招式」，它可能是一些口訣、拳法、刀法、劍法等等⋯⋯這些招式通常只要加以練習，熟悉後通常可以進步神速。

那為何不直接學外功就好了，還要苦學內功？因為只有招式、沒有內功，只能傷人三分，無法叫人致命，中看不中用；相對地，空有內功而無招式，便無法靈活應用、交互相乘，產生殺傷力。

因為工作的關係，我常有機會與各大產業別的武林菁英接觸，透過與他們的互動切磋，深深感受到他們都有一種共通武器、引導他們走向成功之道，那就是「一開口就打中人心」！

要打中人心，需有「內功」與「外功」的結合，究竟他們是如何做到的？個人發現有三方面值得向他們學習：「建立自信」、「擁有愛與同理心」、「靈活的表達技術」。當然，溝通時的狀況真的非常多，每一次都是個案，很難有一種方式可以處理所有的問題，但至少可以先求不敗，再求必勝；先求讓對方不討厭你，再求讓對方喜歡你！擁有愛與同理心讓你不敗，擁有自信與表達技術讓你必勝。

本書的核心目標，就是不斷修練這三項能力，自信、愛與同理心、表達技術，簡單分為兩部分「內功心法－思想篇」與「外功招式－技巧篇」，這30個招式可以各自獨立、也可以交叉運用，相信透過這30堂課的學習、思考、應用、練習，你將會看見自己的溝通能力

不斷提升！

　感謝幫志勇寫推薦序的武林好友們，政聖、嘉祥、宛聖、婉瑤、嘉琪、泓達、采吟、忠亮，他們都是各大產業的一方霸主，個個武功高強、深不可測，更重要的，他們都是正向思維的實踐者，擁有個人極熟練的溝通技術，每一個人都是志勇的學習對象。謝謝太雅出版社芳玲總編輯的邀約、敏慧用心編審，當然，最重要的是正在閱讀這本書的你，因為你才能讓此書發揮影響力。

　最後，用一句話與你分享：

簡單的招式練到極致，它就是絕招！

陳志勇

特別感謝

將此書獻給我生命中，最重要的兩個女人

林予琴女士：她教會了我不放棄的精神
曾淑娟小姐：她幫助了我勇敢作我自己

謝謝妳們！我愛妳們。

自我提升，同時為別人的生命加分

中國信託銀行 資深財富管理部經理 林宛聖
（為2010年中國信託典範員工09-11績優員工）

銷售是感覺的傳遞，說服是信念的傳達。但不管是銷售或是說服別人，溝通都是非常重要、卻常被忽略的重要能力。在個人財富管理8年多經驗中，我發現信念是一切的成功關鍵，而專業知識則是排第二位，如何把個人信念與專業知識結合，讓客戶清楚明白，其中就在於個人的溝通表達能力了。

志勇兄幫我把多年的財富管理經驗，透過心理學、小故事、智慧語錄等方式呈現，讓我知道，原來溝通可以如此有趣、簡單有系統，只要掌握這關鍵的30堂課，就能幫助你快速建立正向積極的思維，使你更多專注於你的潛能而非有限，書中透過正向信念的培養、表達技巧的學習，讓你不只可以自我提升，還可以為別人的生命加分，贏得別人的敬重及信賴，使你在人際溝通上，更加無往不利。

最後，與你分享：說對話，無價；說錯話，付代價。溝通能力是為你增值的必備投資工具。

為自己溝通出征

公務人力發展中心 訓練輔導員 陳嘉祥

　　這本溝通的書，會讓人不由自主地再次感受自己過往的溝通經驗，並試圖瞭解未來如何提升自己的溝通模式，而這是從事訓練工作多年的我最在乎的事情。難能可貴的是，志勇老師不斷強調「進行溝通之前要先和自己對話」，透過自我對話的過程「瞭解（過去的）自己」、「認識（現在的）自己」，試著去「認同（原本的）自己」，最後要「自我嘉許及鼓勵」，換言之，即「打從自己心底深處與人溝通」，這也是與坊間溝通書籍最大不同之處。

　　在溝通技巧上，志勇老師特別從「用」的角度出發，所謂「技巧」，表示好「用」之意，這超越了技術層面，除了強調如何進行及自我嘗試去溝通，更從「感受對方存在的價值」開始進行，同時須隨時留意自己的溝通行為，並讓自己在不自覺中增強溝通能力。最讓我讚許的是，這是本閱讀之後會有專屬於自己體驗的書，是本有影像的故事書，除了來自書本敘述的影像外，更會激發出自己過去經驗及未來想要擁有更好溝通結果的書，我稱它為「為自己溝通出征的書」。

商務或學術人士、主管階級及專案管理者必備的工具書

現任西門子 運輸事業部專案商務經理 黃忠亮
（曾任大同奧的斯電梯ERP系統專案經理）

　　要成功的完成一項任務、工作或專案，不外乎就是「天時、地利、人和」三項要素。「天時與地利」這兩項要素在我的解讀就是指「時間」與種種有形無形的「資源」，而「人和」的最重要關鍵，就是能掌握良性及有效的「人際溝通」。

　　人類生存於群體的社會之中，不可能不使用人際溝通的技巧：在家庭中，我們扮演子女、父母、配偶及手足朋友等多重角色，如何與各種不同親疏遠近的對象表達想法及建立情感與共識？再者，現代的工作環境中不但強調各項專業技能及經驗，溝通協調能力更是不可缺乏：如何成功扮演上司、下屬、工作夥伴、對應窗口、專案領導人等多重角色以完成任務？在我工作經驗中，見到許多專案一開始雖有完備的時程計畫、充分的資源預算準備，然而在人際溝通的部分未臻完善而導致專案曠日廢時、功敗垂成的案例亦所在多有。由此可知，人際的溝通實在是我們一生裡得活到老學到老的重要功課。

　　作者的第一本著作《開始上台做簡報》我已拜讀，書中嚴謹的架構及清晰的觀念敘述、並輔以圖表概念說明，不僅是作者多年擔任企業講師實務經驗的精華所在，也是現代商務或學術人士、主管階級及專案管理者必備的工具書。本書作者承襲前一本著作精闢的結構條理及觀念敘述，還增加了情境模擬與解析的應用練習；另外，更增加了「溝通智慧語錄」及「行動方案」來幫助讀者建立信心基礎，並提供實際操練的步驟。讀過了這本書，相信商務溝通相關主題的著述不再是長篇大論的心理學文字敘述，或是標榜著「上班族成功祕法要訣」等精彩速成的言論，而是可以在商務或學術上、個人與團體、以及教

育訓練採用的實務應用書籍。

在教會認識作者已有六年，秉持條理分明與一直追求卓越就是他的人生態度，能有這位屬靈夥伴在信仰追求及生活工作上互相砥礪，相信這是上帝賜給我生命中最大的鼓勵。我也相信作者會將經驗智慧透過這本著作貢獻社會、造福各行各業人士，幫助他們建立良好的人際溝通能力。

循序漸進輕鬆成為雙向溝通贏家

勤業眾信 業務經理 蔡朵吟

坊間關於人際溝通的書籍甚多，與其相關的課程，更已蔚為風潮。然此中所涉，卻多以理論闡述為主，較缺乏具步驟與實際性的即學即用之資訊。

誠如書中所言，「溝通能力不會馬上擁有，而是要經過不斷的學習、練習、提升而來」，透過奠基式的「思想篇」，強化心理建設以打通任督二脈；以及進階式的「技巧篇」，修煉拆解架式以精進接招功夫。並藉由精心設計的30堂課，配合情境及解析的應用練習，再輔以圖解與行動方案，讓讀者可以循序漸進地在30堂課之間輕鬆成為雙向溝通的贏家。

這麼有趣又實用的一本書，絕對值得您珍藏並一再細細品味，相信一定能從中獲得學習的樂趣。

讓彼此築起的那道牆因真誠智慧的溝通而倒下

財團法人基督教宇宙光全人關懷機構 公關服務部主任 常琬瑤

志勇老師自2008年開始參加宇宙光全人關懷機構的「向陽兒童愛提昇計畫」，擔任品格教育的教學老師。在向陽計畫的教學評比中，志勇老師始終都是孩子滿意度最高的老師！

與大人溝通，很多時候我們已覺得不是那麼容易，與孩子溝通，難度可能又再高，然而在志勇老師與孩子的互動中，我看到的不只是運用溝通的技巧，更重要的是溝通的「智慧」！在多年的非營利組織服務經驗當中，我看到許多人因著熱情投入社會救助的行列，然而隨著歲月流轉，挫折攔阻似乎常會磨蝕了起初的那份熱情。問題出在哪裡？

當我遇到志勇老師之後，漸漸體會：原來溝通不良，足以樹立距離、減低信任、加深隔閡。而志勇老師教會了我：當彼此築起的那道牆因真誠智慧的溝通而倒下時，就是事半功倍的時候到了！

由衷感謝志勇老師！

與家人、朋友、同事、客戶等，有更好的溝通

慈濟醫院肝膽腸胃科 主治醫師 陳泓達

在現代社會中，有效的溝通是非常重要的，在我所處的醫療行業中尤其如此。我見過的優秀醫界前輩，除了有高超的醫術以及醫德，擅長與病患及家屬溝通是很重要的特質。

《一開口就打中人心：30堂正向思維溝通課》一書，以歷史及生活中的各樣實例，深入淺出的說明溝通上應該注意的細節、以及實際溝通的技巧，並以正向思考的態度來做好溝通上的自我思想準備，讓我獲益匪淺。相信讀者在讀了本書之後也能讓自己與家人、朋友、同事、客戶等，有更好的溝通。

職場競爭力更上一層樓！

盟亞企管顧問有限公司 業務協理 黃嘉琪

在我過去十多年的企業教育訓練以及數千次的專案執行經驗中，溝通協調能力的培養一直是最熱門、且需求最高的一項課程。不論是面對上司、下屬、同事、或是客戶，有效的溝通協調都是極為關鍵且不可或缺的職場能力。然而，相較於專業領域的知識，溝通協調卻非傳統正規教育的發展重點，不但相對抽象、也難以在短時間內有系統的養成，以致於許多人只能靠自身摸索，卻仍往往不得其門而入。

《一開口就打中人心：30堂正向思維溝通課》透過有系統的方式，幫助讀者熟悉溝通的藝術。書中包含了兩部分：思想篇以及技巧篇，循序漸進的傳授讀者溝通協調的大原則、心理建設，以及實際操作方法。並透過許多有趣的小故事與實際案例，讓溝通的藝術更加淺顯易懂。相信讀者都能在讀完這本書後，對溝通的藝術有更全面且深入的瞭解，並進一步操作書中提供的實戰技巧，讓職場競爭力更上一層樓！

「雙向」的溝通至為重要

法商FCI台灣康旭股份有限公司 財務長 黃政聖

溝通，是每個人每天必須面對的生活課題，不論是家庭、工作、服務社會，甚至是個人自己內心，都有溝通的需要。在生活的每個角落，有時我們不是沒有溝通，但常常是僅止於單向且無成效，此時「雙向」的溝通就至為重要。《一開口就打中人心：30堂正向思維溝通課》作者陳志勇用淺顯易懂的說明、應用及情境解析的方式，帶領讀者很容易領悟溝通的技巧，並能實際應用。這是值得你慢慢品嘗、深深體會箇中滋味，進而成為溝通贏家的一本好書。

目　錄

【思考篇】從根本改變、創造積極動力

【技巧篇】了解自己、了解對方，一次用對方法

我是哪種溝通類型？

請在下列問題中，依據描述最貼切形容你的感覺或你的反應，填入相對應的數字。填入數字的標準根據是：

5＝最貼切　3＝很接近　1＝最不貼切

每個問題中，這3個號碼只能各用一次，每個題目下的答案都要填入分數。請用直覺作答，不要有過多的思考。

1. 與人相處時，最可能影響我個人立場的因素為：
　　○：他人是否瞭解我的感受。
　　□：對方口氣的大小聲。
　　△：我是否可以看見對方的觀點。

2. 當我做決定的時候，通常會以：
　　○：感覺最好的方法是……
　　□：聽起來最好的方法是……
　　△：看起來最好的方法是……

3. 與人溝通時，人家常覺得我的說話速度：
　　○：較感性、較緩慢。
　　□：講話不快也不慢。
　　△：講話語速快、節奏快。

4. 認為自己溝通上的困難是？
　　○：常會憑感覺做決定，有時不好意思拒絕別人。
　　□：喜歡討論問題，但不喜歡做決定。
　　△：常常過於著急，缺乏耐心傾聽。

5. 回想一個難忘的度假經驗時，我會連結到的回憶是：
　　○：當時的感覺、感受或令你感動的人事物。
　　□：當時的音樂、與人談話，或是個人得到的啟發。
　　△：我是否可以看見對方的觀點。

6. 當與人溝通時，我個人最重視的是：
　　○：對方的態度是否真誠、友善。
　　□：對方說話是否有邏輯，口氣是否適當。
　　△：直接切入主題、馬上講重點。

7. 買衣服的時候，通常以什麼為決定因素：
　　○：穿起來感覺舒服最重要。
　　□：服務人員講解說明及合理的價格。
　　△：看起來順眼、外型喜歡最重要。

8. 下列何者你最容易做決定：
　　○：找出感覺最舒適、最舒服的家具。
　　□：找出最具智慧性的話題。
　　△：清晰簡潔的表達個人的看法。

9. 溝通時較喜歡與人接觸的方式是：
　　○：與對方肢體互動、眼睛注視對方、親切微笑。
　　□：喜歡用故事與比喻表達自己的想法。
　　△：習慣一針見血，直接切入核心主題。

10. 在海邊時，感到最快樂的是：
　　○：享受無拘無束、輕鬆自在的感覺。
　　□：聽見海浪的聲音，靜靜享受自我對話。
　　△：看見藍藍的天、沙灘、蔚藍的海水。

11. 表達的時候，我的肢體動作是：
　　○：動作不大，喜歡感覺一下再回答對方，習慣低頭沈思。
　　□：喜歡側耳傾聽對方說話，表情內斂、動作適中。
　　△：我的創意很多，動作也多，表情豐富，講話時喜歡比手畫腳。

12. 我最常用的辭彙是：
　　○：溫馨、溫暖、感動、掌握、穩定、踏實、真誠、感覺不錯
　　□：討論、分享、說明、影響、講解、表達、聽起來不錯
　　△：焦點、看法、目標、印象、對焦、清晰、看起來不錯

請將各圖案的分數加總、記錄在這裡：

○：＿＿＿＿＿＿＿　　□：＿＿＿＿＿＿＿　　△：＿＿＿＿＿＿＿

分數統計，哪個分數最高，你就是偏哪種類型溝通的方式：
○：感覺型　　□：聽覺型　　△：視覺型

各類型溝通方式，請參考「**Lesson 20**」及其後各章節之分別詳述。

從根本改變、創造積極動力

[思想篇]

1

Lesson01

先擁有正向思想，才能改變結果

　　1英哩（1.6公里）用4分鐘跑完，幾百年來人們一直相信這是不可能的任務。這個魔咒因為一個人不同的思維，而在1954年給打破了。

　　這個人是羅傑・班尼斯特（Roger bannister），他的表現除了突破了個人體能限制，更突破了心理上的障礙，「3分59秒4」這一歷史性成績，仍被認為是20世紀田徑運動的重大成就之一。人們曾認為這不可超越之極限，因著羅傑・班尼斯特打破之後，隔年有37人突破，次年有300多人突破，現在全球已經有2,000多人跨過了4分鐘這個門檻，而目前的世界紀錄又縮短了16秒，他的突破也影響了他人的思想。

　　其實他能創造奇蹟，首先是他相信「我可以跑的更快」之後，行動上隨即產生了變化，更帶出體能及跑步方式的改變，最後終於突破4分鐘的限制。

正面思考：「專注你想要」

　　有句話說：「所思所想要謹慎，因為一生是由思想定型的。」這話一點都不假，畢竟一個人外在的「行為結果」之所以能夠改變，一定是來自於內在的「思想」改變了。因為一個人的思想是什麼，他就會得到什麼樣的結果，雖然不見得會立竿見影地看到後果，但會慢慢地、一步步地接近他所思想的結果。就像羅傑選擇相信可以突破四分鐘的限制，然後專注研究練習不同的跑步方式，才能為他帶來歷史性的突破。

　　人的思想很重要，但我們更要注意到「你每天思想的是什麼思想」。心理學研究得知，我們每天不斷自問自答達5萬次，其中有95%是重複的自問自答，而重複的部分當中更有80%是負面的。精算下來，若我們每天重複和累積高達76%的負面思想，如何能有愉悅的心情面對生活？關鍵在於正面思考：「專注你想要」，而非「你不想要」。

　　美國當代著名馬戲團有個非常善於走鋼索的人John，有人問他走鋼索成功的祕訣為何？他說：「關鍵在於你眼睛的焦點。」如果選擇焦點放在對面的目標，就會努力平衡自己的身體去達成那個目標；但如果選擇焦點放在下方，就會開始擔心「跌下去會如何？」恐懼馬上湧上心頭。

　　所以現在開始正面思想你想要改變什麼吧！

婚姻：我要和配偶親密互動，熱情的溝通。

事業：我可以與主管或同事有效溝通。

金錢：我可以有效管理與運用我的金錢。

親子：我想成為孩子最好的朋友，可以分享心事。

人際：我要經常讚美及鼓勵別人，成為別人的資產。

健康：我要開始運動，調整我的飲食習慣。

正如美國管理學大師史蒂芬‧柯維（Stephen R. Covey）說：「假如你想要有一點點的改變，由改變行為開始；如果想要有躍進式的改變，就要從改變你的思維開始。」

 應用練習

➡ 情境

你的主管要你把進行2個月的專案，交給同事小王，你覺得自己已經盡心盡力去做，並且有強烈的企圖心想完成任務，但你的經理說，等你能力加強後，以後會更有機會。你的直覺會如何思考呢？

1. 算了吧！我就知道我能力不夠強。

2. 小王一定用什麼方法，來影響經理，我先找小王聊一聊再說。

3. 超倒楣的，快到手的獵物就這樣飛走了。

4. 經理這麼做一定有原因？我要如何才能得到這個專案？

5. 我能力在加強後，會有更多機會，這能力指的是哪方面的能力？

6. 我要如何讓經理放心把專案交給我做呢？不管如何，至少這專案我要想辦法參與！

➔ 解析

1. 這樣的思維，是專注在自己能力不足、而不能接專案，好處是會察覺自己能力不足地方，可以補強；缺點是容易對自信心造成打擊。

2. 焦點已經偏了，認為是別人影響經理，就算是真的，但決定是在經理身上，應思考如何從經理身上獲得正確資訊，是最佳管道。

3. 這樣的思維，可以讓經理覺得你好說話、願意聽話。但也可能讓經理感覺你沒有企圖心、或沒主見的負面形象。

4. 專注在如何拿到專案與瞭解原因，是很好的思維模式。把所有的精神放在得到專案，可以避免自己陷入負面思考。

5. 你是個熱愛學習的人，專注在瞭解自己的能力缺口，可以避免得失之心。

6. 與第三個答案不同的地方，你設定了明確目標，同時給自己一個最低的限制，也是很好的方式。兩者都是把精神專注在自己的目標，而非被拒絕當中。

➔ 圖解

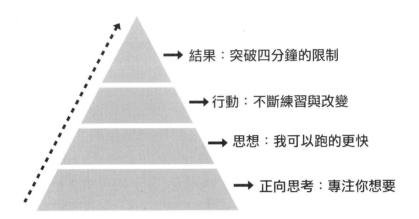

➔ 結果：突破四分鐘的限制

➔ 行動：不斷練習與改變

➔ 思想：我可以跑的更快

➔ 正向思考：專注你想要

溝通智慧語錄

假如你想要有一點點的改變，由改變行為開始；如果想要有躍進式的改變，要從改變你的思維開始。

——史蒂芬・科維（Stephen R. Covey）
美國管理大師

行動方案

1. 靜下心來，回想並寫下自己今天或本週腦海裡有哪些想法？

2. 依據「正向思考」和「負向思考」的兩大分類，檢視自己哪一類的想法較多？

3. 想一想，在人際互動的過程中，你最需要改變的思想是？

心得感想

Lesson02

信念，
創造與毀滅的力量

由真人真事改編的電影《王者之聲》，是描述英國國王喬治六世，從小就患有口吃的問題，面對能言善道的父親及哥哥，更讓喬治六世更顯得自卑，當需要面對群眾說話時，常結結巴巴說不出話，因此他對於需要在公眾場合的說話，更十分膽怯、萬分排斥。

他的妻子為了幫助他，找了許多的專家、用了許多的方法，包含抽煙釋壓、口含7顆彈珠講話，卻一直無法改變口吃的問題，直到遇到一位語言治療師萊諾，才發現喬治六世不能正常說話主要是心理因素——因為他一直不相信自己能流暢說話。治療師用了許多種技巧，先讓他相信他能正常說話，最後輔助在講稿上畫上重點、停頓、加重等符號，透過每一次的練習與改進，讓喬治六世越來越相信自己可以流暢說話，最後克服了口吃的問題。

在1939年英國和德國開戰前夕，喬治六世必須向全國發表演說，治療師萊諾一直在旁邊協助他、鼓勵他，最後喬治六世發表了一場最觸動人心的經典演說，深深鼓舞了當時的英國國民，此次演說成為英國歷史上最著名的演講之一。

強化創造性信念，弱化毀滅性信念

人所選擇的信念將決定一生的成就。

林肯的信念是「解放黑奴」，最後成為解放黑奴的英雄；希特勒的信念是「殘害猶太人」，最後成為一代暴君。你的信念就是你生命的GPS（衛星導航系統），引導你走向你人生的終極目標，因此請慎選你所相信的信念，因為信念並沒有對錯，只有對你有無益處而已。成敗關鍵在於你擁有的信念是屬於創造性信念，還是毀滅性信念。如何區分？很簡單，到底你的信念是在激勵你、鼓勵你、幫助你，讓你擁有希望；還是在傷害你、挫敗你、批判你，讓你一蹶不振。

當喬治六世開始相信創造性信念「我可以流暢說話」，最後竟然能演講一篇激勵人心的演說。因此，創造性信念可能是你最好的朋友，可以陪你度過難關；毀滅性信念可能是你最壞的敵人，讓你跌入失望的萬丈深淵。

當年希特勒殘害猶太人、做了許多人體和心理學的實驗，其中也包括「人的信念」實驗：他將猶太人都關在密閉的空間裡，跟他們說待會會釋放毒氣，並說：「每個人吸了毒氣之後，就會口吐白沫、氣絕身亡。」一說完，馬上釋放氣體。但事實上那不是毒氣，只是一般無害的水氣。30分鐘後再次將鐵門打開，沒想到這些人居然都死了。有人以為他們是被嚇死的，但科學家發現他們的生理結構跟吸入毒氣的反應具有95%的相似度。為何放的是無毒氣體，他們卻會死亡？無論科學、心理學或宗教信仰都會告

訴我們一件事：信則靈。

如果信則靈，首先要自我檢視，你現在所擁有的信念是朋友還是敵人。有益的信念要強化，有害的信念要弱化。要成為雙向溝通贏家，首先要改變你的毀滅性信念，請不要相信「我不行、我不會、我不能、我能力不好、我不會說話」，而是要創造性信念：「沒問題的，我可以的、我正在進步當中、我學習力很強，一定可以的、我的朋友很多可以請教他們的、一步一腳印，穩比快重要。」

語言治療師萊諾最後被封為爵士，他對喬治六世最大的貢獻，就是弱化了喬治六世的毀滅性信念：「我有口吃，無法對公眾說話」；強化他創造性信念：「我可以流暢說話，再加上練習，一定可以的」。選擇創造性的信念，將幫助您溝通事半功倍。

應用練習

 情境

請自我檢視有下列何種信念？並分辨何為創造性信念及毀滅性信念。

1. 每個人都需要身邊重要的人給於喜愛與稱讚。
2. 一個人一定要能力十足，各方面都要有成就，人生才有價值。
3. 那些壞的、卑劣的人都應該受到嚴厲的處罰。

4. 人的不快樂是因為外在因素引起，無法靠個人能力來控制煩惱。

5. 沒有失敗，只有回饋。

6. 事圓人和才是溝通最終目的。

7. 沒有人是無法溝通的，只要找到對的溝通方式。

➡ 解析

1. 容易因身邊重要的人不認同而受挫。溝通大師卡內基說：「我不一定知道成功公式，但我一定知道失敗公式，就是想要獲得所有人的認同。」

2. 每個人不一定是全能，重要的是專注自己的潛能，而非有限。

3. 如果是你的孩子呢？你是否會動搖信念呢？

4. 人不一定能改變環境，但能由改變心境重新面對挑戰，不是嗎？

5. 這是很棒的信念，因為專注回饋思考如何改進，而不是專注失敗，讓自己悲傷難過。

6. 沒錯，溝通的最高境界，就是保有良好關係，同時應能解決問題，不是嗎？

7. 每個人都有自己的溝通風格，只要找出對方習慣的溝通模式與方法，自然可以達到溝通的效果。

→ 圖解

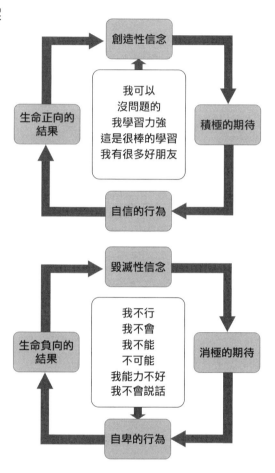

圖中文字：

創造性信念

我可以
沒問題的
我學習力強
這是很棒的學習
我有很多好朋友

生命正向的結果　　積極的期待

自信的行為

毀滅性信念

我不行
我不會
我不能
不可能
我能力不好
我不會說話

生命負向的結果　　消極的期待

自卑的行為

溝通智慧語錄

人所有的一切都可以被奪走，除了一件東西：任何情況下，選擇自己的態度與道路的自由。

——維克多・弗蘭克（Viktor E. Frankl）
「意義治療法」及「存在分析法」創辦人

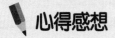

行動方案

1. 想一想生命中有哪些重要的人物（父母、師長、家人、朋友），他們的信念為何？
2. 寫下他們給你什麼信念？或你擁有哪些信念？
3. 選擇強化創造性信念、弱化限制性信念。

心得感想

Lesson03

思想3 培養積極的自我形象
與自我期許

有個人你一定要認識，他就是暢銷書《人生不設限》作者尼克胡哲（Nick Vujicic）。

1982年出生於澳洲的尼克，因罹患海豹肢症，天生沒有四肢，任何在我們看來輕而易舉的生活小事，對他來說都是重重的難關和挑戰。還記得第一次從網路上見到尼克的影片，感受他的笑容是如此燦爛、生命充滿了活力，舉手投足更是散發自信、幽默、風趣，差點忘了他是沒手沒腳的人。他雖然天生沒手沒腳，卻活出不受限的生命奇蹟，舉凡騎馬、踢足球、打高爾夫球、釣魚、游泳、衝浪、潛水、演講、寫作、開公司……樣樣都能做，全球六大洲有400多萬人聽過他生命的故事，他更是2005年澳洲青年楷模，並成為2011年《商業週刊》與《遠見雜誌》的封面人物。到底是什麼力量，讓尼克脫胎換骨？讓一個沒有沒腳的人，成為沒有限制的人？

關鍵在於他內在擁有積極的自我形象。有人說他沒手也沒腳，但尼克卻說：「我是上帝的限量精品，我是上帝的傑作，我是獨一無二的。我的人生目標是『激勵他人』。我要當潛能開發講師、我要成為國際演說家、我要投資房地產致富，我要上歐普拉的節目分享自己的生命故事，我還要出書，幫助更多的人。」

尼克的自我形象與自我期許是他脫穎而出的關鍵。

給自己畫一個成功的自畫像

所謂的「自我形象」，就是「自己認為自己是一個怎麼樣的人」，也就是你給自己的一幅自畫像。如果給你一張圖畫紙，你會如何描繪自己、給自己穿上什麼樣的裝扮、做什麼樣的事？畫中的你，是內向還是外向？是心滿意足的微笑甚至開心大笑，還是若有所思的淡淡憂鬱呢？當你向什麼形象認同時，你就會成為怎樣的人；當你認同並相信自己有成功、專業、熱情、誠實、謹慎、端莊、親切、幽默等形象時，你就會一步步驅使自己朝向這些形象來努力，使自己逐漸成為符合這些形象的人。就像尼克相信自己人生目標是激勵別人，就激發他去演講、寫書、上節目分享自己人生的故事去影響別人。因此想改變外在結果，首先要改變你內在的自我形象。

根據心理學研究：健康的自我形象比低自我形象的人更有生產力，也比較能接納自己、接納別人、較少內心衝突、有較高的生產力；同時更發現，自我形象可能來自父母的看法、師長的評語、功課的好壞、學歷的高低、事業的成敗、朋友的認同、感情的進展、環境的順逆等等。當週遭的朋友、家人、環境若提供正向力量，便會造就積極的自我形象；若提供負面力量，便會造就消極的自我形象。因此，選擇一個正向的環境太重要了。

不過一個好消息是，後天的自我形象若是學習而來，換句話也可以重新學習去改變。

以下的積極自我形象，只要不斷想像並持之以恆練習，將有助於我們對外溝通。

‧我是一個溝通表達專家。

‧我是一個情緒創造者。

‧我是一個幽默風趣的談話高手。

‧我是一個經常保持微笑的人。

‧我是一個非常有自信的人。

‧我是一個善於傾聽的高手。

‧我是一個經常讚美別人的人。

‧我是一個不斷學習成長的人。

‧我是一個主動積極的人。

‧我是一個成熟富足的人。

 應用練習

→ 情境

如果認為自己的溝通能力不是很強，但又很想突破自己的限制，你會選何種方法來幫助自己改變？

1. 相信天生我才，必有我用。

2. 努力去發掘自己的潛力。

3. 隨時隨地給自己信心喊話。

4. 結交肯定、欣賞、鼓勵你的人。

5. 學習正向思考的習慣。

6. 做中學，學中做，先做再説。

➡ 解析

1. 沒錯，你是經過「億中選一的奧林匹克式競賽」得勝的冠軍而受精孕育的，全球68億人口沒有人跟你一模一樣，所以你是獨一無二的。真心相信會帶給你力量。

2. 太棒了，你找到了成功的鑰匙了。管理大師彼得‧杜拉克曾説，一個人要成功，不是把缺點變優點，而是把優點變優勢。用心發現你做什麼比別人快、比別人好，對什麼有熱情，那就是你潛能的所在。

3. 太好了，你已經學會自我激勵的祕訣了。小成功會激勵高昂的士氣，而高昂的士氣帶來正向鼓勵，正向鼓勵帶來正面形象。

4. 這太重要了，消極的人，給你帶來消極的力量。接近正面、積極、樂觀、成熟的朋友，是建立你自信的好方法。

5. YES，正向與負向是習慣的養成，是看事情的角度不同，學習不要看問題，而去看見機會、看見改變、看見你所要的，將思想專注正面的事，結果將大不同。

6. 你與成功近了。行動會創造情緒，你的行動在哪，你的情緒也會跟到那。因為去面對需要勇氣，當你面對了，在內心已建立一個勇敢形象了。

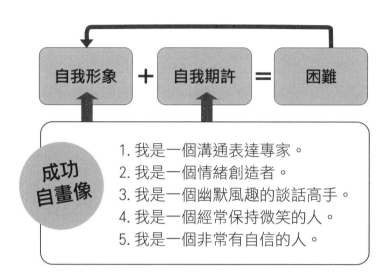

溝通智慧語錄

我們時代最偉大的發現,就是人類可以藉由
改變他們的態度、進而改變自己的人生。

——威廉・詹姆士(William James)
美國哲學家與心理學家

行動方案

1. 請問你覺得「你是誰？」「你是一個怎麼樣的人？」「你對今年有什麼期待？」「你希望自己溝通有哪方面的改變？」試著將這些答案真實的寫下來。
2. 寫下3個良師益友，會正面鼓勵你的朋友。
3. 今天用鼓勵的方式，去成為3個人的良師益友。

心得感想

Lesson04
思想4 發掘你真正想要的 並全力以赴

　　由真實故事所改編的電影《最後一擊》當中，是由神鬼戰士的男主角，羅素克洛所主演，在劇中他是扮演一位拳擊手，前途一片看好，但因一次的意外受傷，讓它的拳擊生涯走下坡，雖然他很努力想贏，但最後還是每下愈況。

　　那時他也正經歷1932年美國的股市大崩盤，整個經濟非常蕭條，他也面臨人生的極大挑戰——生存的問題，生活不僅斷炊，同時還被面臨斷電、糧食短缺、靠救濟金過活，甚至面臨要將孩子寄養在親戚家的窘境。

　　就在一次偶然機會中，他有機會再度上台打拳，竟然發生了一件很令人意外的事，過去曾經打敗他的對手，竟然一個個成為他的手下敗將，到最後還打敗比他高大而且年輕的對手，贏得總冠軍。

　　在記者會上，記者問他：「為何過去你那麼努力想成功，都沒有成功，而你現在的條件比過去差，竟然可以得到勝利，到底原因是什麼？」

　　羅素克洛向記者回答說：「因為我知道我真正想要什麼。」記者接著問說：「你到底要什麼？」他說：「為了牛奶。別人可能為名聲、金錢、榮耀而戰，但是我是為承諾而戰，因為當初給孩子的承諾——不管再苦，我們家人永遠不會分開的承諾而戰。」明確的目標帶來改變的力量。

追求快樂ＶＳ逃離痛苦

常有人說想要改變、想要突破、想要成長，但說了卻做不到，讓自己更失望。雖然知道要改變，但卻拿不出具體行動來，其中有件事忽略了，就是缺乏明確的改變動機，因為改變本身是結果，但想改變的心是動機，因此改變要從我們的心（思維）開始，才能創造好的的結果。

正就如同英國詩人薩克來曾說過：

心若改變，你的態度跟著改變；

態度改變，你的習慣跟著改變；

習慣改變，你的性格跟著改變；

性格改變，你的人生跟著改變。

所以想要改變，要從心（思維）開始。其實人行為改變，來自兩個方向，追求快樂與逃離痛苦，這兩個是我們行動改變的驅動力。例如：明知該做而不願去做就是拖延，但你會何會拖延呢？因為你覺得現在做會很痛苦，不做會比較快樂，因此你選擇拖延。但如過某一天你發現不能再拖了，再拖下去壓力超大，將會很痛苦，於是你的行為瞬間改變，為什麼會改變，因為你覺得現在去做會比較快樂，不去做會很痛苦。就像男主角一樣，他知道家人分開的痛苦，比在台上被打敗的痛苦更大，因此他為了追求家人在一起的快樂，就輕看失敗的痛苦，反而更能全力以赴去打拳。

所以現在就給自己設定一個明確的改變目標吧！同時明確寫下來，改變後我可以帶來怎樣的好處（追求快樂），不改變我又會遇到什麼困難（逃離痛苦），當我們明確我們真正想要的成果時，就會產生力量，因為明確目標幫助我們取捨、目標幫助我們簡化、明確目標幫助我們更專注。

那要如何設定目標呢？記得明確目標的三部曲，

Step1. 知道你要的具體成果是什麼？

——把它具體寫下來，越清楚越明確越好。

Step2. 確認達到成果需付上什麼代價？

——確認這是你真正想要的嗎？付上的代價是否感覺值得。

Step3. 行動吧！去付代價！

——當你動機清楚，接下來就是全力以赴了。

現在就給自己設定一個目標吧！給自己足夠的理由、充分的動機、認真的取捨，這樣的動作是給潛意識下一個指令：「我是認真的，我一定要達成」，此時潛意識將會啟動前所未有的動能，去完成你所設定的目標。

 應用練習

➔ 情境

假如你的表達能力一直不好，常捉不到重點，掌握不到關鍵，

一上台就腦筋一片空白，你該如何設定明確的目標，來強化行
動？

1. 我一定要改變我的表達技巧。

2. 我要學會說話說到重點，勇敢表達自己的想法。

3. 我希望我可以多多練習說話的技術，好讓我的能力提升。

4. 我要在今年年底以前，把表達技術練好，至少可以在眾人
   面前自信說話30分，而且流暢不結巴。

5. 為了銷售說服力，不要說話沒重點，我要提升表達能力，
   至少可以在多人面前講話30分鐘，為了這目標，每個月我
   要找3次機會練習公眾表達相關技巧。

➔ 解析

1. 說明了想改變的方向，並沒有說明如何改變，是個籠統的
   目標。

2. 說話說到重點，是明確的目標，但沒有明確的做法或行動
   方案，可以加上具體的練習方法或是明確達成時間會更
   好。

3. 哇，講到了練習的方向，知道要多多的練習，但是每月2
   次，還是每年2次，結果是大大的不同。

4. 對了，加上時間，會讓我們更明確知道，還有多少時間準
   備，現在的狀況如何，另外上台30分鐘不結巴，也是很明
   確的目標，成功機會大。

5. 先設定學習最終目標：有說服力，再設定練習的過程目標：30分鐘、每月3次，對我們的行動會有提醒，同時若加上達成的具體時間，那將會更好。

➡ 圖解

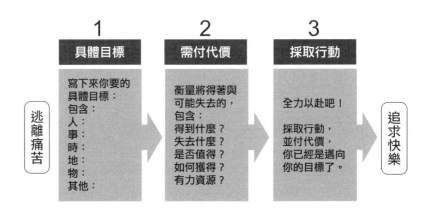

溝通智慧語錄

如果一個人信心滿滿地邁向他人生的目標，並盡全力過一種他所期望的人生，他必會在某個意想不到的時刻遇見成功。

——亨利‧大衛‧梭羅（Henry David Thoreau）
美國作家、哲學家與文學家

📝 行動方案

1. 請寫下你今年各層面的重要目標（例如：工作、家庭、經濟、健康、關係、能力等）。
2. 選出一個今年明確的核心目標。
3. 寫下來完成會有什麼快樂、不完成會有何痛苦，各20個。

📝 心得感想

Lesson05

思想5 成爲自我激勵的高手

世界麵包冠軍吳寶春師傅，在他每天使用的筆記簿上寫著「惟一目標：世界麵包冠軍」斗大的10個字。2010年3月，在巴黎舉行的首屆世界盃麵包大師賽，吳寶春果然摘下了歐式麵包組的世界冠軍，兌現自己所設定的目標，成就了人生最重要的夢想。

吳寶春說，人總會有惰性，因此，靠著勤寫筆記和設定目標的方法來提醒自己、鞭策自己；同時他知道貼標語的方式，可以強化內在信念並增強潛意識的力量。所以，退伍後再度當麵包店學徒，就在自己住處的牆面和筆記本寫上「加油！」「我一定要成功！」「世界麵包冠軍！」的字條。當時身兼數職的他，在麵包店上班之後，為要多賺錢寄給老家的母親，還兼差洗車打工後才回宿舍休息，但這樣的自我激勵法，使他的身體雖然非常疲累，看到這些標語時就會燃起一股奮發向上的力量。

自我激勵，讓一個麵包學徒一步一步變成世界麵包冠軍。

用正向自我對話，取代負向自我批評

　　成功不是偶然發生，而是經由一連串設計而產生。同樣的，溝通能力不會馬上擁有，而是要經過不斷的學習、練習、提升而來。正如政大鄭石岩教授說過，人生不是因為順利而成功、不是因為僥倖而傑出，而是肯幹、想學、有理想、敢作夢的人才會成功，他們不是因為成功而變得神采奕奕，而是神采奕奕讓它們成功。吳寶春透過不斷地自我對話與自我激勵，來點燃他完成目標的熱情。

　　人與人的溝通，除了語言的交流，非語言的溝通更是關鍵，擁有明確目標會讓你善發出熱情、自信、喜悅、滿足的神情，讓你看起來神采飛揚，將更容易吸引人的注意，也可能讓你看起來更有魅力。但如何常保對目標的熱情？關鍵在於正向的自我激勵對話。暢銷書《祕密》、《吸引力法》一直在告訴我們一件事：向自己說出正向激勵的話語，將會引導我們的行為改變。所以，當我們疲累時，或每天我們在跟人溝通之前，要先做好自我溝通，跟自己說：「太棒了，今天必是美好的一天！」、「我正在快速進步當中！」、「我是個優秀的主管，我能正向影響人。」、「我可以成為客戶的貴人。」試著常常跟自己說一些正向的鼓勵話、或寫下來放在你看的見的地方，讓它反覆深化於內在信念裡，如此，這些鼓勵的話語就會在低潮挫折及面對壓力時湧現，成為激勵自己的力量。

　　對內的自我溝通，將會影響對外的表達技巧。不論是怎樣的對

話，你必須作決定，從心底傳送一波波熱情的、正向的、激勵人心的語言，你可能會發現心靈深處擁有一個發電機，常常保有源源不絕的電力，每天朝著你的目標前進。

應用練習

➔ 情境

你希望你生命中重要的人（老師、主管、父母、長輩、配偶），對你說的鼓勵或讚賞的方式為何？

1. 鼓勵你在技術、邏輯、策畫、分析方面的能力與智慧，還有謹慎的態度。
2. 讚賞你對工作或家庭的成果或成就，還有你做事有魄力。
3. 感謝你對團隊的付出，讚賞你的付出對團隊貢獻大，還有你的忠誠度。
4. 讚賞你的熱心服務，幫助許多人，帶給他們生活上的改變有多大。

➔ 解析

1. 你是一個謹慎重細節有邏輯的人，容易追求完美，不敢下決定。
   ——你需要提升作「決定的能力」，你可以這麼告訴自

己：「我是一個有執行力的人，我是一個果決的人。」

2. 你是一個有主導能力強的人，容易忽略別人的感受。

　　——你需要提升是「傾聽的能力」，你可以這麼告訴自己：「我是一個有善解人意的人，我是擅於傾聽的人。」

3. 你是一個重感情重團隊的人，太重視關係不好意思拒絕別人。

　　——你需要提升的是「說不的技巧」，你可以這麼告訴自己：「我是一個有智慧說不的人，我是一個有界線的人。」

4. 你是一個熱心服務、幫助別人的人，有時主觀性過強，太重感覺忽略事實。

　　——你需要提升是「紀律」，你可以這麼告訴自己：「我是一個看法有彈性的人，我是一個有紀律的人。」

➲ 圖解

負向自我批判	正向自我激勵
・我無法改變現況 ・我個性就是很內向 ・他真的讓我很抓狂 ・客戶不可能會接受的 ・我被公司強迫參加 ・我不會	・我至少可以試試看 ・我個性正在改變中 ・他真的讓我很多學習 ・我要想辦法讓客戶認同 ・我的公司幫助我成長 ・我可以多方面嘗試

正向
自我對話

明確目標

溝通智慧語錄

在任何事業中，你成功的機會永遠可以用你
對自己相信的程度來衡量。

——羅伯特・柯立爾（Rebert Collier）
美國心靈自我激勵作家

✏️ 行動方案

實踐心想事成的第一步，就是寫下你的夢想句。請按照：
正面表達、具體且清楚、以自己為主詞的三要素來填寫。

_____的夢想句：

我想要_____；

因為_____

為你的夢想立定一個可行的「每日實踐計畫」。例如：每天
運動半小時、每天練唱1小時、每天練習英文半小時等。

創造一個激勵自己的環境。在你的筆記本、書桌前的張貼
板、鏡子前、錢包裡的小卡、手機、電腦開機螢幕等，一一
列出激勵自己的話語。

✏️ 心得感想

Lesson06
思想6 成為情感帳戶的富翁

英國管理大師查爾斯·韓第（Charles Handy）的著作《你拿什麼定義自己？》（Myself and Other More Important Matters）中，談論他父親在小鎮裡擔任牧師40年，執意要在小鎮裡跟鄉民聊天、為鄉民服務、替鄉民禱告，在韓第眼中，他覺得父親並沒什麼出息。

韓第因此從他父親身上得到啟發：「我一定要過一個不一樣的生活！」後來韓第出了名，成為組織管理學的大師。

當他得知父親過世後，趕回老家，在他心目中，原本以為自己父親的葬禮會是個安靜且單調的葬禮，因他認為自己的父親就只是一個「落後小地方」的一個小牧師而已。但在出殯當天，完全打破他的思維，父親的遺體從醫院運到教堂的沿途10多公里竟然人潮洶湧，連英國主教都特地去參加他父親的喪禮，當地警方更自動為靈車闢出一條道路；在教堂附近，也集聚了從各地方、拋下手邊工作而來參加韓第父親喪禮的人群。韓第身邊圍繞著曾受到父親施洗、啟發、幫助過的人，看到這麼多人來送父親最後一程，才恍然大悟，自己的生命和工作，會對誰有這麼重要？自己的忙碌生活和所謂的高成就，跟受到父親影響的這麼多人比較，它價值有多高？

藉由父親的喪禮，韓第此時才體會到，對人要產生深遠的影響力，不是用成就或名氣，而在於真誠地與人建立關係。

加值你的人際情感帳戶

史丹福（Stanford）研究中心指出，一般人的收入來源只有
12.5%是靠專業知識而得，其餘的87.5%則來自於人際關係的能
力。專業知識固然重要，但學會「人際關係的經營」往往比專業
更重要。就連老羅斯福總統（Theodore Roosevelt）都說：「成功
最重要的因素，就是知道如何與人相處。」

與人相處其實有祕訣，管理學大師史蒂芬・柯維（Stephen R.
Covey）提出一個重要的理論：情感帳戶概念，它指的是人跟人
之間都有一個帳戶，這個帳戶所儲存是人際互動的信賴感、安全
感、滿足感。當你帶給人信心、力量、幫助、滿足、愉快時，
就會在彼此的情感帳戶裡大量存款，當情感帳戶存款越多，人們
對我們就越信賴、越喜歡，即使我們犯錯了，情感帳戶的存款可
以彌補這份缺失；相反的，當我們批評、責備、抱怨、論斷、粗
魯、失信過多時，就會不斷提領情感帳戶的存款，最後產生關係
破產的現象。

因此，越是要有長久的人際關係，往往需要不斷地儲蓄、投
資、經營。情感帳戶的資產是需要不斷累積的，不僅需要時間的
投資，更需要具體和持續的行動來支持。

有4個方法，讓您與人的情感帳戶，快速加值：

＊ **肯定別人**：隨時隨地對別人說信心、祝福、感恩的話。

* **欣賞別人**：學習看見別人的長處，成為別人的優點發掘者。
* **尊重別人**：以禮相待、注意細節、準時守時、尊稱別人的名字。
* **接納別人**：尺有所長，寸有所短，尊重與欣賞每個人的獨特性，世界更有趣。

其實，當你開始肯定別人、欣賞別人、尊重別人、接納別人，你必會發現「自己是全世界最富足的人了」！因為從關係當中所得到的滿足感，遠遠超乎你的想像。

現在開始對生命中重要的人存款吧！

應用練習

➜ 情境

假設你有位同事，平時你對他所提出協助請求，他總是不太熱心，現在他有一件急事來請求你的幫忙，你會：

1. 溫柔委婉地拒絕他的請求，因為他過去也是如此。
2. 幫忙他，但提示他以前並未幫助過你。
3. 幫助他，並提示他以後要多多互相幫忙。
4. 幫助他，但不必很熱心，讓他體會同樣的遭遇。
5. 就是盡量幫忙他，心中不求回報。

➡ 解析

1. 除非我們不想再跟這位同事有互動，否則以牙還牙、一報還一報，並不適合用於人際關係的經營，它只會讓情感帳戶提款。

2. 這是經營情感帳戶的開始，只是當我們提及過去對方做不好的地方，此時又會小小地提款，減少之間的存款。

3. 哇，這是不錯的方法，也是邁向雙贏溝通的開始，因為人跟人的互動次數越多，溝通就越容易有默契，溝通的品質也會越好。當然存款也會增加囉。

4. 當我們真心幫助人，別人一定感受的到，所以把握每一次與人的互動，都是彼此關係增加的契機，不妨把握機會，增加彼此間的情感帳戶存款。

5. 這是最棒的人際關係經營，不求回報的付出讓我們沒有得失心，許多成功的人都是抱持這種心態來與人互動。

⊖ 圖解

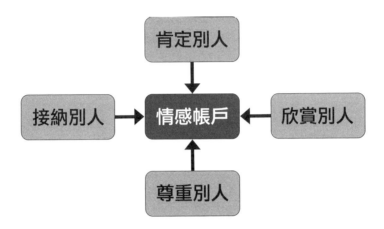

溝通智慧語錄

成功最重要的因素，就是知道如何與人相
處。

——老羅斯福（Theodore Roosevelt）
美國軍事家，政治家與第26任總統

行動方案

1. 在你的生命中，有哪些人是你需要建立情感帳戶的？
2. 請仔細評估你與他們的情感帳戶金額還有多少？
3. 今天開始要對他們儲蓄關係帳戶的具體行為是？

心得感想

Lesson07

提升他人自我形象，讓溝通更順暢

　　好的老師會教書，但卓越的老師，是要影響孩子，自動自發看書。在我國中時功課中等，快畢業的時候，心想自己成績沒有太好，只要有個學校念就好了。當時遇到一位曾姓國文老師，他看到我、把我叫住：「陳志勇，你過來！」我說：「老師，有什麼事？」（一副國中生吊兒郎當的樣子）那位老師說了一句話，即使距今已快30年，我仍印象深刻，他說：「你很有能力，你很聰明！你要一鼓作氣考上好高中，你一定可以的！加油！」老師本來騎著腳踏車要離去，走到一半停下來，從腳踏車前面的菜籃拿出一瓶鮮奶說：「這給你！」那時都沒有人期待我考上公立高中，連家人都覺得我能考上私立學校就不錯了。可是，因為那位老師看重我的價值、對我有期待，給我一個新的形象，令我相信我能一鼓作氣考上好高中。

　　後來我的行為就開始改變了！從那一天開始，我早上6點半就出門、晚上10點半才回家，持續了近3週，我媽覺得不對勁跟我說：「阿勇，你最近發生了什麼事？怎麼很少說話？」我居然回答她：「媽，我沒時間跟妳說話，我要唸書。」我媽覺得很奇怪，我怎麼整個人都變了！結果在聯考時，我的成績居然進步了快100分。

　　就因為老師的一席話，使我充滿動力，勇敢往好的高中努力。

畢馬龍效應：在對方改變之前，你要先相信

到底是什麼力量改變我？原來是老師提升了我內在的自我形象。

教育心理學理論有個著名的「畢馬龍效應」（The Pygmalion Effect），來自哈佛大學心理學教授羅伯·羅聖索爾（Robert Rosenthal）與傑柯布森（Jacobson）兩人於1968年進行實驗研究。他們對就讀小學的兒童做智商測驗，隨機將孩子們分成實驗組和對照組，並對老師宣稱實驗組的學生是「資優生」。雖然兩組孩子根本是隨機挑選，智商是相當的，但不知情的老師們卻因此對實驗組的學生抱持較高的期待，而願意花較多的時間和心力回答實驗組孩子的問題。經過一年的實驗，當研究人員再為這些實驗組學生測試智商時，發現平均成長率顯然高於其他學生。此實驗理論說明了，老師的正向期待和鼓勵的話語能使學生有較好的課堂表現，而學生經由被老師重視、關懷和鼓勵的正向刺激中，增強了自尊和自信並產生較強烈的學習動機，因而智力表現隨之成長，形成良性的循環。

可見當我們對人用正向鼓勵、抱持期待的態度，對方行為較可能改變。因為當我們被人肯定、被人欣賞，我們便有了改變的動能，我們會想，原來我在你的心中是擁有正向形象的，為了維持形象，我們會更努力去行動，往正向期待去努力，因此下次你希望說服對方的時候，千萬不要用罵的去貶低對方的形象，而是要用積極鼓勵、正向期待的方式去提升他的形象。所以不管你是主

管、父母、業務員，當你希望對方改變的同時，請記得你是貶低對方的自我形象，還是提升對方的自我形象。如何得知呢？有3個指標可以參考：

1. 是否提升對方的價值感？
2. 是否讓對方有安全感？
3. 你的目的是否能強化對方的信心？

當你相信並肯定對方的能力、並持續以正向鼓勵的話語引導對方時，對方的能力和表現將會超出你的預期。

應用練習

➜ 情境

同事小華，在公司開會的時候常會遲到、讓大家等他，造成大家的不舒服。你決定要挺身而出，跟他說清楚，你會說：

1. 小華，我們不是約好10點開會嗎？你遲到會影響大家的時間的。

2. 小華，你最近是不是很忙？我感覺你最近總是來匆匆去匆匆，有沒有需要我幫忙的嗎？……對了，下次開會可不可以提早到呢？

3. 小華，我知道你業務很忙，而且你是一位負責任的人，客戶的事，你一定會盡力去完成，同時，有件事我想提醒

你，準時出席開會，也是負責的表現。

4. 搞什麼？開會遲到，讓大家等你一個人，會不會太過分了，王小華。

5. 小華，我不希望你以為我要批評你，跟你一起工作真的很開心，我很欣賞你做事的方法，然而，守時對大家來說真很重要，希望你能夠遵守。

➔ 解析

1. 你是一位說之以理、看重事實的人，你說明因為他遲到了，對大家造成影響。

——訴說事實，並未提升對方的形象，可參考後面說法。

2. 你是一個擅於動之以情的人，相信你的人際關係應該不錯，而且最後你會拉回主題，告訴對方要早到。

——讓對方有安全感、信賴感。

3. 你提升了對方的負責形象，再給對方一個提醒，很棒的方式。

——價值感、信心。

4. 哇，單刀直入，一刀見血，並非大多數人可以接受。

——貶低對方自我形象。

5. 這是我最推薦的方式，先說明不是指責，再強調他的優點與特質，最後再加上你對他的期待，一般人較易接受。

——信心、價值感、安全感。

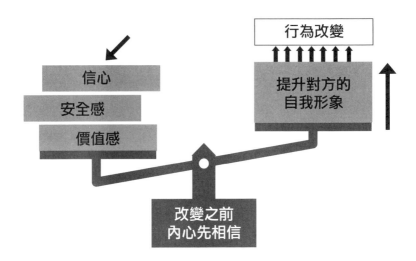

溝通智慧語錄

世界上沒有幾件事比積極的鼓勵更有力量，
一個微笑，一句樂觀、充滿希望的話。當事
情遇到困難時，說一句：「你能辦得到。」

——理查·狄維士（Richard M. DeVos）
全球直銷公司安麗（Amway）創辦人之一

行動方案

1. 想一想你的角色，對誰有影響力？
2. 請自己評估，平常的表達技巧，是提升對方形象多，還是貶低對方形象多。
3. 今天就去對3個人說話，提升他們的形象，並觀察他們的反應。

心得感想

Lesson08

思想8 運用語言成為別人的祝福

　　網路上流傳一則影片：有個失明的男人坐在大廈前的階梯上，擺了個罐子在他的腳旁，拿著告示牌寫著：「我是瞎眼的，請幫幫我吧！」人們走過去，只是隨便丟個零錢，而且給的人很少。但有一個女人經過了，她放了一些錢在罐子裡，然後拿起告示牌把它翻轉過來寫了一些字。她又放回告示牌，以便走過的每個人都會看到新的內容。

　　奇怪的是，這罐子很快的填滿了錢。許多路人給這失明的男人更多的硬幣。午後，改寫了告示牌的女人來看看事情發展的如何，失明的男人聽出了她的腳步聲並問：「您是今天改寫我的告示牌的人？妳到底寫了什麼？」那人疑惑的問著，這女人只輕聲的說：「我只是看見事實，改用不同的文字表達而已。」最後鏡頭帶到了告示排前，上面寫著：「今天是美好的一天，但我卻不能看見。」

　　原來，第一個告示只告訴別人這男人是瞎的，引導人看見負面的事；第二個告示是告訴人們，我們有多麼幸運、不是瞎眼的人，可以看見美好的一天。它引導人看見正面的事。正向語言可以成為別人最好祝福的工具。

語言是力量，具有實現能力

語言具有正向的能力，也有負向的能力。我們的話語就好像種子，「種的是什麼，收的也是什麼」。在人際互動和溝通的過程裡，你想收成什麼樣的果實，則依據你開口所播下的種子而定。

暢銷書《生命的答案，水知道》由量子力學家日本江本勝博士所撰寫，他對水做了一系列的研究，瞭解語言對人生命內在有何影響。他用非常精密的高倍數顯微鏡觀察並拍攝，水在-5度到0度時、冰塊開始融化的數十秒之間準確拍攝到水的結晶體。

首先讓水聽音樂，當聽到貝多芬「田園交響曲」的水，呈現的結晶如同明朗爽快的曲調般美麗而整齊；可是，讓水聽充滿憤怒及激進的重金屬音樂時，結晶則呈現凌亂毀損和混濁的形狀。

後來又再讓水看字。把水裝進透明的玻璃瓶，看「愛與感謝」的水，呈現的是清楚和美麗的六角型結晶體；相對的，看到「混蛋」的水，呈現的結晶則是破碎、分離的結晶體。

最後日本有小孩子作實驗，把米飯分為兩個瓶子，一個說「你太棒了」，一個說「你是笨蛋」，一個月後，說你太棒了的米飯，發出香麴味，另一個混蛋，則發出惡臭味。

由此可知，如果語言對水都能產生極大的影響，那對於身體中有70%都是水分的我們，當然也會有巨大的影響。這告訴我們一件重要的事：語言是一種力量，它將會對人際互動，產生極大影響。

那要如何運用話語的力量呢？首先就是不要說負面的話語，就

是不批評、不責備、不抱怨。因為當我們說負面的話的時候，在還沒有影響別人之前，早已先影響自己的心情，我們的心中便會產生一些負面的感受。不過單單不說負面的話還不夠，就好像打籃球，光防守不進攻，是無法贏得球賽的，還要更積極進攻！因此，我們還要多說「信心、祝福、感恩」的話，因為當我們選擇正面的話時，對自己與別人都會產生一些創造性的影響。

語言具有實現的能力，現在就開始對自己及別人說出信心、祝福、感恩的話語，當你不斷說出正向話語，不僅幫助別人、更幫助自己，最後你將成為自己與別人最好的啦啦隊隊長。

 應用練習

→ 情境

如果你的同事，今天特地打了一條新領帶，跟平常的他不太一樣，但是你感覺跟他的衣服不配，你會：

1. 沒有任何的行動，因為這是見仁見智的行為。

2. 建議他新領帶，應配合哪種款式衣服比較適合。

3. 詢問他對今天穿衣服的看法，再說出你的想法。

4. 讚美他這條領帶出色的地方。

5. 肯定他願意嘗試創新的態度。

➜ 解析

1. 美國哲學家與心理學家，威廉・詹姆士（Willian James）曾說：「人類本質中最深切的需求，就是渴望被肯定。」因此，學習肯定別人，絕對是加分的。

2. 給予回饋之前，可以多給正向肯定與回應，例如：你的衣服及鞋子配的很得體，領帶也很出色，同時可以配上淡藍色襯衫，一定會更有味道。

3. 每個人當下的決定，都是當時他認為最好的決定。每個人都希望被肯定，比較不希望被否定，因此，說出我們想法之前，要先確定，對方是否想知道。

4. 這應該大多數的人希望得到的，當我們讚美對方領帶出色的地方時，同時也在肯定對方的選擇，無形當中也創造對方愉悅感覺。

5. 這也是不錯的回應，但先要確定對方對創新的感覺是好還是不好，只要是對方喜歡能接受，就是好的表達。

→ 圖解

用語言
成為別人的祝福

沒問題的，我相信你一定可以的

祝福你，越來越有魅力與影響力

感謝你，過去到現在常常鼓勵我

不批評、不責備、不抱怨

溝通智慧語錄

一句稱讚的話，可以讓我活兩個月。

——馬克・吐溫（Mark Twain）
美國幽默大師、小説家、作家與演説家

行動方案

1. 察覺你經常對別人說話是正面多？還是負面多？
2. 下次在講負面的語言時，想想有沒有哪些正向的話可以取代的？
3. 今天至少跟3個人說信心、祝福、感恩的話，並觀察其反應。

心得感想

Lesson09

溝通第一步：
設定對的優先順序

有三位長長鬍鬚的老人到一個小鎮作客，一位好心的主人請他們到家裡坐坐，但老人們卻說：「我們不能進入同一個房屋內。」主人好奇問為什麼，其中一位老人解釋說，他們當中一位老人是「富有」、另一位是「成功」，而自己是「愛」。老人接著說：「你進去跟老婆討論看看，要我們哪一位到你家。」

老婆聽了就很高興說，「當然是請『富有』進來囉！」

主人說：「不，當然是請『成功』進來。」

此時，在一旁的女兒說：「我們不如邀請『愛』進來，不是更好？」

主人因為非常疼愛女兒，於是就跟三位老人說決定請「愛」進來。「愛」起身走進房屋，沒多久，「富有」、「成功」也跟著一起進來。

主人好奇問：「不是只有『愛』進來嗎，怎麼你們兩個也進來了？」

老人笑著說：「如果你請富有或成功進去，那麼另外兩個人是不會跟著進去的，但如果你選擇愛，不論愛走到哪裡，我們都會跟隨的。哪裡有愛，那裡就有成功與富有。」

「把愛擺優先」的溝通技術

溝通首重的，就是「愛」。有愛就一定能創造良好的人際關係，因為這個世界最需要的、同樣也是你我心靈中最需要的，那就是愛。人人都期待著被愛，因此，當你有能力愛人的時候，你一定會受歡迎的。

有一些不可愛的人，是因為他們急需要大量的愛，或許他們不佳的表達方式，是要吸引你的注意，告訴你「給我一點愛吧！」有人會問，什麼是愛？簡單的說，就是「給予對方你的注意力」，把焦點放在對方身上，注意他喜歡什麼、討厭什麼，注意他的感覺、瞭解他的感受，同時願意很真心的去關懷對方，讓對方感覺自己很重要。

溝通當中，愛的表現其實很簡單，你可以：

- **記住他人的名字**：對任何人而言，自己的名字永遠是最悅耳的聲音。當我們記住別人的名字時，正是對方最大的恭維與關注，同時讓對方覺得自己很重要，這是簡單又超有效的方法。

- **對別人的事感興趣**：談論對方有興趣的事，不是你有興趣的事，試著讓對方多談談自己的事，無形之中也會拉近你們之間的距離。當我們專注傾聽對方時，就傳遞出重視對方的訊息，甚至可以提升對方的自信心。

- **給予讚美與肯定**：心理學大師威廉・詹姆士曾說過：「人類本質中最深切的需求，是渴望受到肯定，因此當我們讚

美、肯定別人時,就是再次告訴對方你很棒、你很好,如果你讓對方更喜歡他自己,他就會更喜歡你。」

· **讓別人感覺很重要**:尼采曾經說過:「人的一生都在尋找重要感。」你可以對同事說聲謝謝、感謝你的幫忙;當朋友住院時親自去看他;或是你暫時願意幫單親媽媽照顧孩子,讓他去看場電影休息一下;或是幫新同事快速進入工作狀態等,這都是可以讓對方感覺自己的重要性。

其實,溝通的方法有很多,但請記得一件事:「愛」,就是把焦點放在對方的身上,同時去感受對方的感受,去瞭解對方的需要。當你付出愛的同時,你或許沒有得到實質的回饋,但至少你的心中是滿足、快樂的。這並不是說表達技巧不重要,而是溝通之前,先把愛擺前面,將能事半功倍。

 應用練習

➜ 情境

如果你想讓一位新朋友對你留下美好的第一印象,你會如何做:

1. 多談談你自己的事,告訴對方你公司的服務。

2. 在談話中多讚賞對方的想法。

3. 談話過程中,適當提幾次對方的名字。

4. 找出雙方的共同話題、共同興趣。

5. 專注傾聽對方說話，而且不打斷對方。

➡ 解析

1. 只在乎自己的人，容易讓人感覺自我中心，有時會讓對方感覺被忽略、不被重視的感覺。

2. 當你認同對方的想法，就是認同對方這個人。當你先認同對方，對方也會認同你。

3. 這是一個好方法，適當的提起對方的名字，會讓對方感覺較親切，但注意別人的名字千萬不要唸錯了，最好拿到名片或自我介紹時，可以確認正確發音。

4. 物以類聚，有相同背景興趣的人，說起話來，自然感覺較舒服自在，我們可以從休閒、旅遊、運動、工作、家庭開始找出相同話題。

5. 傾聽別人說話，是對對方最大的恭維，會讓對方感覺被尊重、被瞭解，相反的，當我們打斷對方表達時，會讓對方感覺不被尊重。

➡ 圖解

```
┌─────────────┐              ┌─────────────┐
│  讓別人感覺  │              │   記住他人   │
│   很重要    │              │    的名字    │
└──────┐  ┌───┘   ┌────────┐ └───┐  ┌──────┘
       ▼  ▼       │ 把愛擺優先 │     ▼  ▼
                  │ 的溝通技術 │
       ▲  ▲       └────────┘     ▲  ▲
┌──────┘  └───┐              ┌───┘  └──────┐
│   給予讚美   │              │  對別人的事  │
│    與肯定    │              │    感興趣    │
└─────────────┘              └─────────────┘
```

溝通智慧語錄

很少人能抗拒別人對你的注意，那是最不著
痕跡的恭維。

——傑克・伍佛（Jack Woodford ）
美國散文詩人與劇作家

行動方案

1. 請想一想你最喜歡的人，他是誰，他們做了什麼事，讓你感覺不一樣？

2. 今天運用以愛為優先的溝通方式與家人或同事互動，並觀察他們的反應？

3. 想一想，可以做什麼事，讓你的家人或朋友感覺自己很重要？

心得感想

Lesson10

思想10 以身作則 溝通才有影響力

　　有位母親，她的兒子患了特殊的病，不能再吃糖了，但她的兒子除了喜歡糖，也很喜歡甘地，所以這位母親帶兒子去見甘地，希望他可以告誡兒子不要再吃糖。於是，他們搭了三天三夜的火車，去見甘地。當他們到達甘地的家時，已有很多人在那裡等候，於是，他們又等了一小時才見到甘地。

　　見到甘地時，母親跟甘地訴說兒子的故事之後，甘地對這位母親說：「請你一個月後再帶你的兒子過來吧！」

　　一個月後他們再次來找甘地，這次甘地站起來，過去拍一拍她兒子的肩膀，然後對兒子說：「我的孩子，你必須要停止吃糖啊，這對你的身體不好。」孩子看著甘地一直點頭，顯然這個孩子把甘地的話聽了進去。

　　此時這位母親一臉茫然的問甘地：「這麼簡單的話，你一個月前為何不說，還要我們再跑一趟？」甘地回答：「因為當時我還在吃糖，我是昨天才把吃糖的習慣戒掉的，如果我自己都做不到，如何要求別人呢？」

　　甘地願意照自己所說的先去做，才能對孩子產生影響力。

改變語言＋改變行為＝影響力

溝通最大的問題，就是我們只說不做，或者是嚴以待人，寬以律己。試想，叫孩子不要看電視、去念書的父母，自己卻拿著遙控器看電視，如何叫孩子信服？一位業務主管要求大家一定要去主動開發陌生客戶，自己卻不去做，這要如何說服部屬？我們無法用言語來擺脫自己行為所造成的問題，因此，當我們想提升自我影響力的同時，就必須同時改變我們的語言表達及行為表現。

1. 改變「語言」表達方式：

我們的生活受到我們語言的影響，如果你口中所說的話都是消極、批評、責備、憤怒，那麼你的生活便會充滿苦澀與黑暗，你的人際關係也將會惡化；相反的，如果你的口中充滿的是積極、信心、祝福、感謝、讚美的話，那麼你的人際關係必然充滿了光明與喜樂。你的語言模式不單會影響自己，更會影響到別人的一生，我曾經幫非營利組織「宇宙光」協助弱勢孩子的品格教育，我發現許多孩子沒有自信，並不是他資質不好、能力不好，而是他所處的環境經常是充滿負面消極的語言，最後得到就是負面的結果。其實只要改變語言模式，對你的人際關係將會有許多的幫助。

2. 改變「行為」表現方式：

現在就想想看，你每天所做的事情，是幫助你成長、還是阻礙

你改變，或者有哪些不好的生活習慣會影響你的說服力。例如：上班常常會遲到、答應別人的事卻常常忘記、人際互動過於嚴肅，缺乏微笑……等等，這些事都會削弱我們的影響力。還記得我在當業務主管時，沒有太多陌生拜訪的經驗，但是我一直告訴同仁「要主動開發陌生客戶」，效果一直不佳；直到有一天我不再說了，自己先去做一個月，用行為證明我所說的話，很奇特的是，當我改變時，大家也開始慢慢改變。最後我回想大家為何會改變，我想有兩個原因，第一個是我真的相信主動開發很重要，所以肢體、聲調、表情、眼神的表現就更篤定更有自信，當然就更有影響力；第二個是，同仁看見主管每天都去陌生拜訪並打陌生電話，自然而然也被我的行為所說服。後來我才發現說服別人的是行為，而非用語言。

其實，不管你過去的人際如何，既然你看了這本書，我們一起互勉，只要現在開始改變你的語言表達方式，多說正向、信心、祝福、感謝的話語，同時改變你的行為、表現方式，說你所做的、做你所說的，保證你的人際關係將會擁有許多正向的影響力。

應用練習

➔ 情境

如果跟同事在爭吵的過程中，你發現錯是在你身上時，你會：

1. 停止爭論，暫時不要說話。

2. 立即改變話題。

3. 立即承認自己的錯誤所在。

4. 模糊溝通焦點，適時的為自己解釋。

5. 繼續堅持自己的看法。

➔ 解析

1. 兩人爭吵，必須要兩人同時生氣才吵的起來，因此暫時不要說話，也是能緩和一下當時的氣氛，你可以這麼說：「我們先暫時冷靜一下好嗎？」

2. 這會馬上讓對方感覺我們在閃躲、不願意面對問題，是非常不好的溝通方式。

3. 這是最不容易的溝通方式，但也最容易得到對方尊敬的方式。當我們可以承認錯誤時，往往事情就較容易處理。

4. 犯錯而不認錯，容易造成對方將來對我們的不信任，同時過多的解釋只會讓對方感覺更不舒服。

5. 錯就是錯,就算是堅持到底,最後還是個錯。因此,最好的方式是直接道歉認錯,因為不容易,所以更可貴,不是嗎?

➡ 圖解

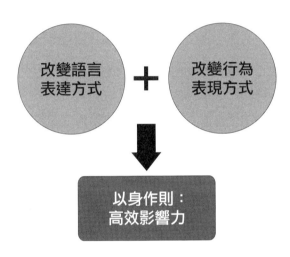

溝通智慧語錄

只有一種方法可以訓練孩子的品格,那就是你的親身示範。

——亞伯拉罕‧林肯(Abraham Lincoln)
美國政治家,第16任總統

行動方案

1. 想一想你的語言表達方式，有沒有哪些地方需要提升的
   （容易説負面的話、愛批評）？
2. 想一想有沒有生活習慣會阻礙你改變的？
3. 將以上的答案寫下來，並列出改進計畫為何？

心得感想

了解自己、了解對方，
一次用對方法
[技巧篇]

2

Lesson11

技巧1 溝通要察言觀色，才能投其所好

　　老婆婆要給懷孕的媳婦買蘋果，走到第一個攤販前問了一句：「老板，你這個蘋果酸嗎？」老板說：「我這個蘋果很甜的，一點也不酸。」老婆婆聽後便走開了。

　　走到第二個攤販面又問：「老板，你這個蘋果酸嗎？」老板回答說：「我這個蘋果很酸很酸的。」老婆婆聽完後，又走了。

　　老婆婆走到第三個攤販面前再問：「老板，你這個蘋果酸嗎？」老板不急不徐地說：「老婆婆，你這個蘋果買給誰吃啊？」老婆婆回答：「給我懷孕的媳婦吃，她喜歡吃酸的，我要多買點給她吃，好幫我生個健康的孫子。」老板說：「對啊，孕婦都喜歡吃酸的呢！我有好多客户是懷孕的媽媽，都喜歡吃我們家的蘋果，而且我們的蘋果酸又脆，孕婦最喜歡。」老婆婆看完後說：「好吧！幫我拿3斤。」老板秤完後，又順便說了一句：「對了，水蜜桃維他命C高，多汁又特別有營養，吃了對孕婦特別好，要不要順便帶一些呢？」老婆婆看後，非常滿意於是又買了2斤水蜜桃離開了。

　　所以，察言觀色，才能投其所好。

有效溝通四部曲：一看，二聽，三問，四擇

　　當兵時，我們常說不打勤、不打懶、專打不長眼的人，這樣的人軍中叫他們為「天兵」。在人際互動時，總有人缺乏敏感度，踩到對方的地雷、引起對方不爽快不自知，還問人家「你在氣什麼」。沒有敏感度，溝通將寸步難行。其實前面第一位老闆與第二位老闆，都是有話直說，忽略了每個人行為背後都有一個動機，如果回應之前，不先了解對方的需求、想法，我們將很難投其所好，引起對方的共鳴。而投其所好的關鍵，在於察言觀色，目的在於更多瞭解對方。有個好用公式，提供參考：一看，二聽，三問，四擇。

一看　　就是察言觀色。當你對對方越瞭解，溝通越有勝算，你可以簡單觀察對方的穿著、表情，例如穿新衣，可能代表今天有重要的事；衣服沒燙，可能表示最近生活很忙亂；穿西裝，可能今天要開會；穿休閒服，可能今天心情很放鬆。而從一個人的臉部表情，將會容易看見他的心情。多觀察，會有許多意外的發現。

二聽　　是瞭解一個人的第二條線索，有時從一個人說話的聲調、用字遣詞大概可以知道對方的背景或是職業，例如：建築業講話較大聲直接、科技業的人習慣用一些專業術語、外商公司講話會中英文夾雜，這都是可以聽的出來。但溝通更重

要的是，積極傾聽對方的說話內容，才能清楚對方需求。

三問 　　答案就在問題裡，懂得問對問題，才能找對答案。問問題的方式有很多，不過目的只有3個，引起注意、試探、引導。

- **引起注意**：你知道如何節省30％的電話開銷嗎？
　　　　　　──跟對方有關係的事。
- **試探**：你想要選擇紅色還是黑色的？
　　　　　　──二擇一法，促使對方下決定。
- **引導**：你對○○○有什麼感覺呢？為什麼○○○對你很重要？
　　　　　　──讓對方多説一些。

四擇 　　選擇表達的方式。其實沒有最好的溝通方式，只有最適合的溝通方式。回應則根據前面的觀察，進而見招拆招，達成最好的溝通效果。

　　優質的溝通應該是雙向互動的，當對方的反應不是你要的時候，此時就要懂得及時應變，而不是一成不變，當我們把溝通的責任多一點的放在自己身上時，我們就比較擁有彈性，就可以根據對方的行為、反應來作調整，達成雙贏溝通。

➔ 情境

如果有同事來問你對公司主管或是某位同事的看法，你會如何回應你的同事？

1. 採用模糊的方法回答他，盡量不要說明自己的立場與看法。

2. 直接說出你對公司或是對主管的看法與想法。

3. 說出自己的想法之前，先問問對方的想法。

4. 直接說出主管或同事的優點。

5. 說出想法之前，先問問對方的用意為何？

➔ 解析

1. **你是一個頭腦清楚的人**：因為這樣的溝通，並沒有互動，容易讓對方感覺你不真誠，好像你對他有所不信任。

2. **你是一個直爽的人**：你的想法不一定符合對方的期待。這樣直接的方式，容易讓有心人士有機可乘，如果一定要說，請多說正面的印象為佳。

3. **你是一個重邏輯的人**：先判斷對方的想法，再說自己的想法雖然不錯，但不能保證對方說的跟他想的是一樣。

4. **你是一個正向思考的人**：這是最適合的表達方式，因為有

時辦公室的環境會改變、角色會改變，我們過去所說的話，或許我們已經忘了，但別人會怎麼傳，我們並不知道，因此說出對方正面優點，你永遠是贏家。

5. **你是一個重分析的人**：說出想法之前先問對方的想法，也是不錯的方式。若是對方有正面意圖，例如：如何說服某主管接受某個專案，你就可以分享，不過還是盡量分享正面較好。

➔ 圖解

溝通智慧語錄

殷勤籌畫的，足致豐裕；行事急躁的，都必缺乏。

——中文和合本聖經・箴言21章5節
猶太教與基督教
（包括天主教、東正教和新教）的宗教經典

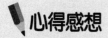

行動方案

1. 觀察你的家人、主管、同事的表達方式為何？
2. 請自我評比，看、聽、問、應，哪個做的最好，哪個需要加強？
3. 請找3個人，用一看、二聽、三問、四應的程式，互動並觀察對方的反應。

心得感想

Lesson12

技巧2 溝通要學會看臉色： 向FBI學讀心術

　　美國知名FBI情報員喬・納瓦羅（Joe Navarro）編著的暢銷書《FBI教你讀心術》中，提及一樁女子強暴案的偵訊經歷。一名嫌犯被帶進了偵訊室，這嫌犯說話的表達方式很具說服力且言之有理。他宣稱沒見過被害人，並提到案發的當時他人在田裡，正經過一排棉花田，左轉，然後回家。可是熟悉非語言溝通的情報員納瓦羅發現：當嫌犯講到左轉回家的部分時，他的手居然比向右邊，這正是前往強暴案現場的方向。由於納瓦羅在偵訊過程一直注視著嫌犯，立刻注意到他「語言」中左轉和「非語言」中右轉手勢之間的差異，於是等了一會兒，再次質問這名可能說謊的嫌犯，果然最後就坦承犯案了。

　　還有觀察一個人的行為變化，有助於辨識出非語言的線索。納瓦羅曾有一次目睹商店搶劫案的經驗，當時他注意到有一個人站在收銀機櫃臺附近，那人沒排隊、也沒拿選購的東西，眼睛卻一直緊盯著收銀機。當納瓦羅繼續觀察他時，對方的行為改變了：鼻孔放大，納瓦羅意識到這是他要採取行動之前打算吸足氧氣的動作。趕緊對收銀員大叫：「小心！」當時剛好收銀機的抽屜大開，那男人突然伸手抓了一把錢，可是收銀員意識到大叫的提醒，很警覺的將那個人的手一扭，導致罪犯只好將錢鬆開、立刻衝出店外逃逸。

非語言的情報比語言更重要

現代人溝通一定要學會察言觀色。就連孔老夫子也說：「視其所以，觀其所由，察其所安。」意思是說，先看他日常言行，以及他在不同情況下的行事風格為何，再來看他做事的方法、途徑、策略為何？最後，看他這些事是出什麼目的和心態。

因此先學會瞭解人，才能成為溝通贏家。可參考下面6點：

1. **穿著打扮**：觀察其服裝、髮型、鞋子、女生的包包大小、男生公事包、手錶、身上小配件等，例如：女生愛用大包包代表自己管理、喜歡小包包代表要求較多。

2. **臉部表情**：臉部表情首重觀察其喜怒哀樂，可觀察眉毛、眼睛、嘴巴、耳朵，例如：眉毛深鎖代表正在思考或困惑。眼睛瞳孔放大，代表有興趣，收縮則代表無趣或不滿。嘴角上揚，代表喜悅，雙唇緊繃，代表有壓力。用手拉耳朵，可能表示不想聽或有話要說。

3. **目光視線**：視線的方向，就是注意力的方向，就像上述的歹徒，到商店應該是買東西，但卻一直盯著收銀機看，代表他的注意力在收銀機，簡單聯想，就可察覺其動機。

4. **姿勢手勢**：雙手交叉緊抱胸，可能代表防衛、沒有安全感。雙手放口袋，可能代表有所隱藏。抬頭挺胸代表有自信，手放眼睛可能代表說謊或心虛。手摸額頭旁，可能正在思考。手不斷敲打桌面，代表不耐煩。

5. **活動距離**：30公分是親密距離、60公分是朋友距離、90公

分為公眾距離、120公分以上代表陌生距離，從距離可以知道彼此的關係。

6. **身體方向**：一個人身體的方向，代表興趣濃度：當一個人身體往後仰，代表抽離你的話題，可能正在思考；向前傾，代表對話題有興趣瞭解。

　透過非語言的觀察，會發現我們所發現的比所想的還要多！不過，要提醒你，所有的肢體學都只是統計學，沒有百分之百絕對的，當我們能善用所觀察的現象，再配合後續的確認，將幫助我們溝通更有說服力。

 應用練習

➡ 情境

　請判別下列的肢體動作，並察覺其內心感受為何？
　請填上：ⓐ想掌控全局 ⓑ焦慮沒有自信 ⓒ生氣或不同意 ⓓ無聊沒興趣 ⓔ說謊或心虛 ⓕ思考思索 ⓖ決定或評估 ⓗ真誠友善

1. 說話隨著內容而有手勢
2. 雙手手指互扣
3. 把手放在頸部來回移動
4. 雙手自然張開

5. 擦眼鏡、擦手機

6. 皮膚紅潤

7. 眼神盡量不與對方接觸

8. 雙手手指成弧型（指尖碰指尖）

9. 重複按著原子筆，或隨意塗畫

10. 說話時摸鼻子

11. 說話時遮住嘴巴

12. 手放下巴，眼神與對方接觸

➔ 解析

1. ⓗ代表融入說話話題內

2. ⓑ代表緊張

3. ⓑ希望可以抒解小腦壓力

4. ⓗ代表接納、敞開

5. ⓕ藉由其他動作，爭取時間思考

6. ⓒ惱羞成怒，臉色變紅

7. ⓑ沒自信的人，眼神較不敢看人

8. ⓐ防衛性強，想要主導全場

9. ⓓ代表沒興趣

10. ⓔ說話時摸鼻子代表說謊或心虛

11. ⓔ說話時遮住嘴巴代表說謊或心虛

12. ⓖ手放下巴代表思索，眼神與對方接觸代表評估

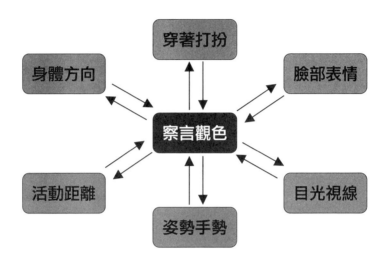

溝通智慧語錄

溝通最重要之處，是去發掘沒有說出的部分。

——彼得‧杜拉克（Peter Ferdinand Drucker）
美國作家、教授，被稱為「現代管理學之父」

行動方案

1. 自我察覺自己的行為變化（例如停車會一再確認是否有鎖
   門）。
2. 今天上班時，請仔細觀察你同事的肢體動作，看有哪些發
   現？
3. 試著用6大觀察方向，觀察公司的同事行為模式的變化。

心得感想

Lesson13

技巧3 傾聽的藝術：
快快的聽，慢慢的說

美國管理大師史蒂芬·柯維（Stephen R. Covey）曾說過一個故事：

兩艘正在海上演習的戰艦，他們在濃霧極厚，能見度極差的天候中，航行的數日，有天，有位士兵在船橋上負責瞭望，但在濃重的霧氣下，能見度極差，而船長也親自坐鎮，指揮一切。

突然，船橋的另一側傳來人員報告：「右邊有燈光逼近我們，不久可能會撞上我們，那後果將不堪設想

船長馬上命令信號手說：「我們正迎面而來，請你轉向20度。」

對方回答：「請你轉向20度。」

船長又下令：「告訴他，我是船長，請他立刻轉向20度。」

對方回答：「我只是二等兵，貴船最好馬上轉向。」

此時船長更是勃然大怒大叫說：「告訴他，我這裡是戰艦，請他們立即轉向20度。」

最後對方傳來：「這裡是燈塔，請你馬上轉向。」

結果，船長立即改變航向。

唯有先專注傾聽，才能認清事實、瞭解原委，達成溝通共識。

有效的溝通始於傾聽

人際的溝通始於傾聽，終於回應對方。因此沒有積極的傾聽，就沒有有效的溝通。溝通的真正定義，在於雙向互動，而非單向表達，但往往隨著知識、經驗、地位、年齡的提升，我們傾聽的機會相對變少，說得機會變多，甚至認為職位越高，越不需要傾聽，但事實剛好相反，職位越高，責任越重，更需要傾聽的能力，才能作對決策，因為，不願傾聽的耳朵是心靈封閉的證據。

相反的，擅於傾聽，會讓你擁有建立正面人際關係的能力，因為傾聽表達了你的尊敬，也是給對方最好的讚美，是用行動說明你很有魅力、你很重要。同時，傾聽可以讓你瞭解對方的個性，知道什麼讓他們感到滿足與快樂？什麼讓他們感或惱怒、生氣？同時傾聽更可以讓你增加知識、釐清問題，讓你更有吸引力，原因是人們永遠在尋求聽他們說話的人。

如何成為積極的傾聽者，有四個重要方向，停、聽、問、應：

 暫時停止進行中的工作，注視對方眼睛，提供他表達感受的時間和空間。

你可以這麼做：

1. 暫時放下手邊工作。
2. 眼睛注視對方。
3. 試著不要預設立場。

積極傾聽對方說什麼（表面與深層），有必要時把對方說的話寫下來。

你可以這麼做：

1. 不要打斷對方的表達。

2. 展現你的熱情想聽的態度。

3. 必要時可以紀錄對方的談話內容，除了幫助記憶，同時更表達尊重的態度。

 仔細觀察對方溝通時非語言的行為表現，並提出問題釐清想法。

你可以這麼做：

1. 觀察對方的非語言表現，例如：表情是快樂還是痛苦？肢體動作是友善還是防衛？

2. 適度問一些相關問題，幫助釐清問題或是引導對方分享。

 傾聽回應時，語言與非語言的表達並用，態度與技巧並重。

你可以這麼做：

1. 用聲音，鼓勵對方回答，你可以說：「是、我瞭解、然後呢、接下來呢、滿特別的、為什麼呢？」

2. 用肢體動作，鼓勵對方回答，可以點頭、微笑、把重點寫下來。

3. 適當的分享自己的感覺、經驗、想法，讓對方跟你互動也可以有收穫。

　　想要成為溝通專家，有效與人互動交流，發揮你個人的影響力，你首要做的第一步就是，瞭解對方，並取得對方的信賴，這不是靠你口若懸河的表達技術，而是讓對方感受到你重視他、尊敬他、有興趣想要瞭解他，所以，讓我們一起學習吧！溝通時，先把傾聽擺第一優先順位。

應用練習

➡ 情境

　　你的同事說：「我真不知道該怎麼辦？我老是犯錯，老板對我很不高興，已經罵過我好多次了。」你會如何回應？

1. 不要緊的，你只是最近比較不順手，每個人都會犯錯的，記得改善就好了。
2. 你到底犯了哪些錯？
3. 你可以把心情告訴老板呀！
4. 對呀，一個人犯錯，最怕別人在旁罵不停。
5. 也許你老板罵的對，你應該好好檢討才是。

➲ 解析

1. 傾聽的目的之一是讓對方感覺被瞭解，這是對同事表達同理心，並淡化他的不舒服感受的好方法，同時給對方一個新的努力方向，改善就好。

2. 這可能是要滿足我們的好奇心，或是我們想快速瞭解問題，並幫助他馬上解決問題，傾聽應先處理心情，再處理事情。

3. 直接給建議，往往容易讓你同事感覺你太理性，並覺得你說的容易，做的可是他。可以用詢問方式說：「你有把心情告訴老板嗎？」這樣會比較溫和一點。

4. 哇！這是很有同理心的傾聽表現，因為同理心包括辨識對方的感覺並表達出來。這會讓對方知道你對他的感覺、想法、行為有所瞭解。

5. 也許你說的是事實，但對方此時可能需要的是同理心，不一定是人家給建議，容易讓對方不舒服。

➡ 圖解

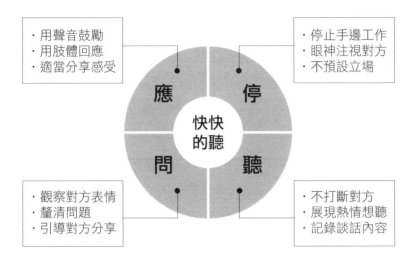

・用聲音鼓勵
・用肢體回應
・適當分享感受

應

・停止手邊工作
・眼神注視對方
・不預設立場

停

快快
的聽

・觀察對方表情
・釐清問題
・引導對方分享

問

・不打斷對方
・展現熱情想聽
・記錄談話內容

聽

溝通智慧語錄

通往一個人內心深處的路是耳朵。

——梭羅・亨利・大衛（Henry David Thoreau）
美國作家、哲學家與文學家

行動方案

1. 請自我評比，傾聽的4個重點，哪一點你做最好，哪一點是你最需要改進的？
2. 今天請找3個人，運用積極傾聽的技巧，觀察對方的反應。
3. 最後，別忘了睡前5分鐘，傾聽你的內心感受。

心得感想

Lesson14

提問力：
答案就在問題裡

　　一位非常渴望成功的年輕人，花了重金終於參加了一個高級的企業家聚會。他期望能在聚會中向成功企業家請教到成功致富的祕訣，於是他找到一位慈眉善目的成功企業CEO請益：「前輩，請問您是如何成功的？」

　　企業家笑著說：「我是因做正確的決定而成功的！」

　　年輕人又追著問：「那請教您是如何做正確的決定？」

　　企業家：「是經驗！」

　　年輕人心想怎麼回答都這麼簡單，於是提起勇氣又問了一個問題：「那您的經驗是從哪學來的？」

　　企業家依然帶著笑容：「從做錯誤的決定而來！」

　　年輕人因為敢問、會問，因此得到了企業家的成功致富心法，就如聖經所說：「發問者必得到答案。」

溝通是一種雙向的互動

溝通是一種雙向的互動，因此要說服別人，就不能靠我們一直說話，同時更重要的是讓對方多說話；而讓對方說話最好的方法，就是問問題。為什麼問問題可以讓對方回答呢？因為人們會慣性地回答問題，例如：現在幾點呢？3X3＝？我們常會直覺地回答問題。

問也可以幫助我們找到對的方向、增加知識、解決問題，念書時，老師教我們不懂時要問，才能增加知識；迷路時，找人問路可以找到對的方向；結婚前，多問一下，對方可能就會嫁給你。同樣的，在溝通懂得多問對方，將能瞭解對方更多的資訊，以下有三個問句模式，提供參考：

1. 開放與封閉問句法：

一般開放性問句的目的，是為了讓對方暢所欲言，讓對方放鬆，可以多多分享他自己，好讓我們對對方有更多的瞭解。

例如：

能不能多談一些您對投資理財的看法？

為什麼您可以對行銷保持如此的熱情？

而封閉式問句，就是為了強化對方做決定，引導對方去思考，好處是可以短時間聚焦，缺點是會帶給對方壓力不舒服的感覺。

例如：

您何時可以做決定？

你買車最重要的考量是？

2.「二擇一」問句法：

溝通時，邏輯其實很重要，因為有時對方回答的很模糊，通常是因為我們問的問題很模糊，對方便不易回答。

例如：

你今天要吃什麼？

對方的選擇可能是麵、飯、披薩、麥當勞，有許多選擇，如果這時我們可以提供對方有限的選擇，二擇一時，對方就較容易回答。假如跟客戶去吃飯時，給對方30個選擇並不一定體貼，提供有限選擇是體貼對方的表現。我們可以問想吃飯還是吃麵，若對方選擇吃飯，我們可以繼續問，這家的招牌飯是雞腿飯與排骨飯，您今天想吃哪個呢？客戶可能回答：排骨飯好了，如此就不用浪費在選菜上，可以快速進入談話內容，以節省時間。

例如：

你手機的顏色要紅色還是黑色的？

請問您星期二有空，還是星期三有空？

3.「5W1H」問句法：

溝通有時會產生障礙，是因為彼此的認知錯誤，而最好的方法，就是重複確認，以確保雙方的訊息正確。例如：「這案子很趕，要麻煩您一下」，我們可以問更明確，「何時要交給您」，

對方可能回答這週五下班前。如此就可以擁有更明確的時間。善用「5W1H」：Who、What、When、Why、Where、How，創造明確溝通。

例如：

Who：本次會議的主席是誰？有誰會出席？

What：本次的會議主題為何？

When：會議的日期是？時間多久？

Why：為什麼要舉辦本次會議，主要原因是？

Where：會議的場地在哪裡？

How：我要如何準備內容？如何到會場？如何說服聽眾？

記得，溝通的目的在於得到對方的回應，因此運用問句讓對方多說話，才能創造互動的效果。

應用練習

→ 情境

請你確認下列的問句為開放或封閉、二擇一法、5W1H法：

1. 您最近好嗎？

2. 看您春風滿面，一定有什麼好事，趕快分享一下。

3. 你聲音好好聽哦，你是怎麼保養的？

4. 請問開會的時間是幾月幾號？

5. 聽陳先生的說法，應該不排斥休旅車，對吧？

6. 只耽誤您3分鐘的時間，不曉得方便嗎？

7. 您要紅色還是黑色的？

8. 不曉得，您買手機最重視的功能是？

9. 能不能多說一些關於您教育孩子的理念呢？

10. 我可以冒昧請教您幾個問題嗎？

11. 我很好奇耶，您當初為何會成為講師的？

12. 對了，請問要如何稱呼您呢？

➡ 解析

1. 封閉。對方可能回答，好、不好、還好，更具體的答案。

2. 開放。對方可能會因此打開話夾子。

3. 開放。How：對方可以多說一些關於如何保養的事。

4. 封閉。When：對方可能回答11月15日，下午2點。

5. 封閉。因為回答不是對、就是不對。

6. 封閉。因為對方的回答可能會是可以或不可以。

7. 封閉。二擇一法：對方回答更精準為其中之一的顏色。

8. 封閉。What：對方回答更具體說明他最重視的部分。

9. 開放。How：更多談論關於教育孩子的事。

10.封閉。回答可能是可以或不可以，但因為加上我可以冒昧
　　請教，比較禮貌。

11.開放。Why：說明會當講師的原因及相關話題。

12.封閉。Who：對方會更具體說明他是誰？要如何稱呼。

⊙ 圖解

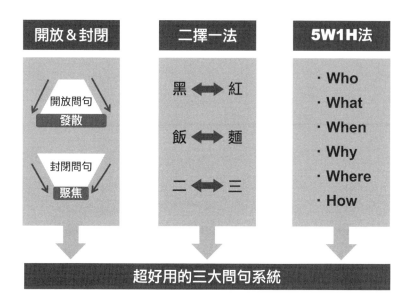

溝通智慧語錄

生命能給你所要的，只要你不停地向它要，

只要你要的時候說得清楚。

——愛因斯坦（Albert Einstein）
猶太裔物理學家、哲學家，
被譽為是「現代物理學之父」

行動方案

1. 今天請把要做的事，用5W1H的方法，把溝通內容明確化。
2. 試著寫下來5句，如何讓人多說的開放性問句。
3. 試著用二擇一法問句引導對方今天要吃什麼？

心得感想

技巧5 選擇對方的溝通方式
快速產生共鳴

在市場賣辣椒的人，最常有客人會問「這辣椒辣嗎」，如果答「辣」，怕辣的人可能就不買了，如果回答「不辣」，喜歡辣的人可能立刻走人。

這天來了一個買主，問的果然是那句老話「辣椒辣嗎？」賣辣椒的老闆很肯定地告訴他：「顏色深的辣，顏色淺的不辣！」買主挑完辣椒滿意的離開了，此時淺色辣椒所剩不多。沒多久，又有一個買主又問「辣椒辣嗎？」老闆很篤定地說：「長的辣，短的不辣！」果然，買主就按照老闆的分類標準開始挑起來，付完錢離開。此時長的辣椒已銷售一空，剩下的是一些被太陽曬久失去水分變得軟綿綿的辣椒。這時又有一個買主過來問「辣椒辣嗎？」老闆的表達又不一樣了，很自然並肯定的說：「硬皮的辣，軟皮的不辣！」就這樣，老闆很快就把辣椒全部賣光了。

溝通有彈性，效果更加倍

　　沒有完美的溝通方法，只有「最適合」的溝通方式。就像賣辣椒的老闆，擁有彈性、學會變通，可以根據不同的時間、客戶、商品，採取不同的表達方式，才能達到雙贏的結果。所以一個好的表達方式，除了把自己的想法分享出來，同時還要讓對方聽起來有邏輯，才能引導對方行為改變，不是嗎？而人感覺最有邏輯的，就是自己說話的習慣與方式，俗話說「話不投機，半句多；話若投緣，千句少。」其實，這其中所談的就是雙方的溝通頻率是否能產生共鳴。人習慣跟自己相同個性、習慣、想法的人聊得起勁，所以當我們用對方的溝通習慣與喜好來與他溝通，除了能聊得起勁，同時也是讓對方感覺最好、也最有邏輯的溝通方式。

　　如何讓對方感覺良好、有符合他的邏輯，說穿了，就是用對方習慣溝通的方式與他互動，例如人際互動的溝通習慣可分類為下類幾種風格：

- ‧說話語速快V.S.說話語速慢
- ‧做事節奏快V.S.做事節奏慢
- ‧以人際導向V.S.以目標導向
- ‧重視規則性V.S.重視有彈性
- ‧決定看事實V.S.決定憑感覺
- ‧動作表情多V.S.動作表情少
- ‧聲調很豐富V.S.聲調很平淡
- ‧走路速度快V.S.走路速度慢

．眼神互動多V.S.眼神互動少

．講話音量大V.S.講話音量小

　當然，在與人溝通之前，應該先對自己的溝通習慣有所瞭解，才知道如何調整自己去適應人。例如遇到一個動作表情多的人，可能代表對方的感情豐富、個性較為活潑熱情，如果我們表現一副含蓄、內向，相信對方的感覺可能會比較不習慣，就容易有隔閡，如果此時我們可以也調整自己的溝通方式，多一點動作與表情，就比較容易與對方產生共鳴，對方內心覺得我們好像視同一國的，感覺對了，話夾子自然就打開。相反的，如果我們的個性較活潑開放，而對方較內向保守，此時我們就要適度收斂，才不會對對方造成壓力。

　最後，再告訴您一個祕密，人們只喜歡兩種人，第一個人是自己，所有的事一定先想到自己，第二個是喜歡自己的人，當我們用對方習慣的溝通方式與他互動時，就等於告訴對方「我欣賞你、喜歡你、我認同你」，所以，現在就開始增加自己溝通的頻道吧，你將會發現你的影響力將會越來越大。

應用練習

➔ 情境

　你與同事Jacky在新產品的企劃會議上，發現他的企劃方向與你

的方向不謀而合，此時你會如何向同事Jacky表達：

1. 不然，就照這個方法進行吧！
2. 好吧，既然你的想法跟我一樣，那就照你提案方向進行吧！
3. 太棒了，跟我當初的想法一模一樣，那就照你提案方向進行吧！
4. 太好了，原來我的想法跟Jacky一樣，那就依照你的提案進行吧！
5. 我的想法竟然跟你一樣，太不可思議了！

➲ 解析

1. 「就依這個方向進行吧！」這個指的你的企劃方向，還是Jacky的企劃方向，說的不夠明確，容易有模糊地帶。
2. 人都是覺得自己的想法最棒，當我們說，「你的跟我的一樣」時，對方容易感覺不舒服，彷彿是我抄你的想法一般；換成「我的想法跟你一樣」，變成對方是主角，對方會感覺好一點。
3. 「Jacky跟我當初的想法一模一樣」，會讓對方感覺我都沒貢獻一般，可以改變成「我的想法竟然跟你一模一樣耶！」
4. 即使是一樣的企劃案，對方一定希望得到你的肯定，當我們說「我的想法跟Jacky一樣，依你的提案進行吧！」首

先你提了對方的名字（人最喜歡聽的聲音），又提依「你的」提案進行，都是以對方為主，將有助於溝通效果。

5. 「我的想法跟你一樣」，並未說是好還是不好，太不可思議，也沒有形容感覺是正向還是負向的形容詞，容易讓對方產生誤解。

➡ 圖解

四　擇

一看

二聽

三問

說話語速快　VS　說話語速慢
做事節奏快　VS　做事節奏慢
以人際導向　VS　以目標導向
重視規則性　VS　重視有彈性
決定看事實　VS　決定憑感覺
動作表情多　VS　動作表情少
聲調很豐富　VS　聲調很平淡
走路速度快　VS　走路速度慢
眼神互動多　VS　眼神互動少
講話音量大　VS　講話音量小

共鳴　←　對方

溝通智慧語錄

口善應對，自覺喜樂；話合其時，何等美好。

—中文和合本聖經・箴言15章23節
猶太教與基督教
（包括天主教、東正教和新教）的宗教經典

行動方案

1. 請自我觀察你的溝通習慣為何（例如：說話語速快VS說話語速慢）。
2. 請觀察身旁至少3個人的溝通習慣為何？
3. 寫下2個你自己最需強化的項目（例如：表情動作多、聲調更豐富），並時常練習。

心得感想

Lesson16

技巧6 強化「非語言」，溝通更有說服力

2010年6月，歷經了4個半小時的艱辛苦戰，台灣網球好手盧彥勳在溫布頓網球錦標賽打敗美國前世界球王羅迪克，晉級八強，寫下台灣網球史上的新頁。

當盧彥勳用手中球拍締造全新歷史、挺進男單八強，在全球實況轉播之中，淚水汗水交雜的他仰首親吻食指並高舉向天，要把這份難能可貴的榮耀獻給已在天堂的父親。在那一瞬間，所有人都熱切感受到他那份對父親的敬愛和對網球的堅持，歡呼掌聲不斷。

這一幕，沒有言語，只有手勢動作，盧彥勳感動了現場所有觀眾，讓人熱淚盈眶激動不已，充分展現了非語言的影響力。

非語言，是綜合了「教養、經驗、歷練與態度」

溝通有兩種：一種是語言的溝通，包含溝通的用字遣詞；另一種則是非語言的溝通，包含聲音語調、肢體動作。許多實證研究指出，人際互動時，真正從語言接收到的資訊只占10%，另外90%則是透過對方的神情、姿勢、神態所感受到的非語言訊息。換言之，假使身體語言配合不當，即使說話再有技巧，說服力也會大打折扣。

除了肢體動作，我們的服裝、儀態、態度都是非語言溝通的一環。穿著不僅能夠幫助我們增加信心，也能因為不同的穿著、展現出不同的態度和行為。

裕隆汽車董事長嚴凱泰穿著合身的西裝、優雅的體態，十足表現個人的「品牌印象」；美國總統歐巴馬在選舉期間，穿著白襯衫搭配深色西裝、不繫領帶，則充分展現親和力，這些都是善用「非語言」溝通的成功人物。如同王品集團董事長戴勝益曾指出：「得體與得當的肢體語言，是綜合『教養、經驗、歷練與態度』的總分數。」簡單的一句話，道破非語言的魅力和重要。我們的每一個神情、動作甚至服裝儀容都在說話，也許就在分秒間，就扭轉了他人對你的評價。

因此，善用非語言溝通，是在尚未開口溝通之前就先產生說服力。根據心理學研究顯示，在與人相識的最初7秒，對方就已經對你產生了第一印象；而「第一印象效應」就已關鍵性的決定未來對方是否能信任你。

善用「五感」來強化非語言溝通，將使你的溝通贏在起跑點上。

視覺	親切笑容、合宜專業形象、適當裝扮，增加視覺形象。
聽覺	正向的話、說話俐落、臉上抱持笑容的說話聲音，增加聲音魅力。
感覺	穿著有質感、問候要真誠、握手要有力，讓人感覺沉穩。
味覺	注意身上及口氣的味道，避免溝通氣氛尷尬。
嗅覺	適當運用香水、呈現個人品味，塑造專業形象。

當你能善用非語言的呈現，會使你在對方心中快速建立信賴感，將有助於你的人際溝通更快速、更有效果，產生更大的影響力。

 應用練習

⊙ 情境

請檢視平時的穿衣習慣，通常會選擇哪些顏色為首選：

1. 白色
2. 藍色

3. 黑色
4. 黃色
5. 綠色
6. 紅色

➲ 解析

1. **白色**：讓人感覺乾淨、俐落、親和感。喜歡白色衣服的人，是非常有目標明確的人，設定目標一定會盡力完成，但常容易陷入追求完美。是個問題解決專家。

2. **藍色**：讓人感覺專業、理性、重邏輯。喜歡藍色衣服的人，是非常有邏輯的人，做事情喜歡按部就班，比較會有安全感，很討厭別人遲到。是個分析專家。

3. **黑色**：讓人感覺神祕、高貴、有能力。喜歡黑色衣服的人，是非常有自己想法的人，創造力強，但通常不太希望與人靠得太近，因不喜歡被看透，常會與人保持一定的距離。是個執行專家。

4. **黃色**：讓人感覺果決、果斷、執行力強。喜歡黃色衣服的人，是非常有自己獨特見解與想法的人，而且性格外向，喜歡說服、影響別人，愛追求挑戰，討厭一成不變。是個領導專家。

5. **綠色**：讓人感覺真誠、和諧、親和力強。喜歡綠色衣服的人，是非常重視家庭的人，同時更是重感情、重感覺的

人，愛好和平、喜歡和諧。是個傾聽專家。

6. **紅色**：讓人感覺熱情、開朗、好奇心強。喜歡紅色衣服的人，非常喜歡與人互動，他擁有極佳的幽默感與創造力，但有時說話過快、過直，不知不覺會傷害別人。是個激勵專家。

➡ 圖解

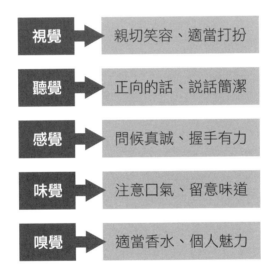

視覺	➡	親切笑容、適當打扮
聽覺	➡	正向的話、說話簡潔
感覺	➡	問候真誠、握手有力
味覺	➡	注意口氣、留意味道
嗅覺	➡	適當香水、個人魅力

溝通智慧語錄

非語言，是綜合了「教養、經驗、歷練與態度」。

——戴勝益
王品集團董事長

行動方案

1. 在會議行進中，撥空將主管或同事的一些非語言訊息記錄下來，並進一步辨識其意義。
2. 站在鏡子前，確認自己平常的站姿、走路的姿勢、手臂擺放的位置等，看起來感覺如何？是否有需要調整的地方？
3. 強化視覺、聽覺、感覺、味覺、嗅覺的五感溝通。

心得感想

Lesson17

技巧7 運用姿勢、手勢、眼神、表情打造成功形象

　　汽車金氏世界紀錄保持人喬吉拉德（Joe Girard）、最偉大的溝通銷售高手，在他從1963年到1977年的汽車銷售生涯當中，總共賣了13,001部車子，最高紀錄是一年內賣出1,425部車、單月174部車，更曾經一天成交18部車！

　　到底他成功關鍵在哪？從他曾兩次來臺灣演講的過程就可以發現：他一上飛機便在頭等艙坐好，等可以站起來走動時，他便在頭等艙開始向大家發名片，邊發名片、眼睛會邊看著對方，並主動向對方握手、同時微笑問候：「您好，我是喬吉拉德，很高興認識您。」等頭等艙發完名片，繼續走到商務艙，最後再到經濟艙；甚至連回飯店時，他仍向櫃台人員、服務小弟、餐廳女侍，都不斷發名片。到了演講會場，他更親自發名片給每位接觸的人，甚至請服務人員把名片發給現場的2,500人。

　　喬吉拉德充分運用了姿勢、手勢、眼神、表情來增加他個人溝通影響力。

舉手投足皆是溝通重點

成功的溝通，首先要讓人感覺舒服，運用姿勢、手勢、眼神、表情，將能更有力的傳遞溝通的訊號、增加溝通說服力。以下幾點，請務必參考：

1. 良好的姿勢展現自信：

當有人一走進來，彎腰駝背且眼睛往下看，立刻讓人覺得無精打采、垂頭喪氣、沒自信。相反的，抬頭挺胸、面帶微笑且主動跟人打招呼，則讓人感覺自信滿滿、神采飛揚。可見一個人彎腰駝背，會給人一種缺乏自信的感覺；挺直站立，則時時散發自信的神采。

你可以這樣自我檢測：找一面平面的牆面，讓身體背部貼著牆，肩膀、背部、臀部、腳跟都能同時碰到牆，這樣姿勢算良好。

2. 成功的握手展現友善：

用來強化我們非語言溝通最好的方法之一，就是友善握手方式，握的太輕，代表缺乏自信；握的太重，則顯得自傲或過度強勢。最好的握法就是握住對方整個手掌，適當的用力，讓人感覺穩重可靠；時間不要太短，最好可以持續3秒；或為了表示更真誠，可以用雙手握住對方的手；當然更重要的是，眼神的交流。

3. 眼神的接觸展現真誠：

誠摯的目光，是打動人心的第一把鑰匙。眼神的接觸，一般具有尊重、自信、專注、真誠、敞開等的意義，因此當別人跟你說話卻沒有眼神接觸時，會讓人感到不真誠和不易信任。由此可知，當你想與對方產生連結時，眼神的交流互動更是不可少。

4. 微笑的表情展現親和：

臉是心靈的鏡子，不用說話，表情已經訴說一切。我們得意時嘴角上揚、疑惑時會皺眉，同意時會點頭、不同意時會搖頭，有興趣時眼神會發亮、沒有興趣時則眼神暗淡無光。微笑是世界的共同語言，代表著快樂、喜悅、高興、愉快、開心、親和、滿足、易親近……等意思。換句話說，一個迷人的微笑勝過黃金。

卡內基在其名著《人性的弱點》提到他有一次在紐約參加宴會，遇到一位剛獲得一筆遺產的婦人。從她昂貴的穿著打扮，看得出來她花了很多金錢、希望人們對她留下良好的印象，她不僅身穿貂皮大衣，還配戴亮眼的鑽石和珍珠，可是卻沒有注意到自己臉上的表情。卡內基甚至形容那位婦人的臉色神情，使人覺得很刻薄、不易親近，藉由點出發自內心的「微笑」，才是給人良好第一印象的「重要裝扮」。

現在就開始抬頭挺胸自信的姿勢、真誠有力的握手方式、適當的眼神注視、親切自然和悅的微笑，必然帶給對方超「優」的第一印象。

應用練習

➔ 情境

　　你到了新公司上班，你遇見你的同事有下列的行為表現，你覺得何者為較有自信心的表現：

1. 講話時有很多的手勢來輔助講話內容。

2. 走路時，腰桿挺直且腳步急快。

3. 喜歡告訴人家應該如何做。

4. 眼睛炯炯有神，眼神專注而堅定。

5. 與人談話時，總是身體面對對方並保持微笑。

6. 握手扎實有力，目光會與對方接觸。

➔ 解析

1. 自信的表現。一個人的外在行為，是來自內心世界的反應，因此當一個人說話有許多動作來輔助，通常代表此人內心踏實、而且對自己的想法很篤定。

2. 不一定。腰桿挺直是自信表現，但腳步急快帶給人的，正面來說是主動積極、行動力強，負面則代表慌張、恐懼或是只專注自己的事。有時讓人感覺很自傲。

3. 不一定。一個喜歡告訴別人怎麼做的人，通常主導性較

強，除非是別人主動提問，否則喜歡告訴別人如何做的人，容易讓人感覺過於強勢、愛指揮別人。

4. 自信。眼睛是靈魂之窗，觀其眸、察其心，一個人眼神專注而堅定，讓人感覺自信但又很謙虛，很容易帶給人良好的第一印象。

5. 自信。微笑是親和力的展現，同時，身體面向對方代表尊重，當一個人可以與人輕鬆交談、並面帶微笑，通常要對自己很有安全感的人，才能有如此表現。

6. 自信。握手是跟對方實質接觸的關鍵，有力的握手讓人感覺穩重，而目光接觸代表真誠，同時再加上微笑，就更有魅力了。

➜ 圖解

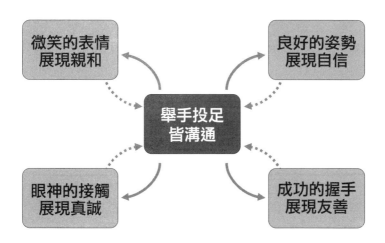

溝通智慧語錄

臉是心靈的鏡子，不用説話，眼睛就已坦承
心中的祕密。

——聖・哲羅姆（Jerome）
羅馬時代的基督教牧師、神學家與歷史學家

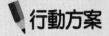

行動方案

1. 面對鏡子，檢查自己的姿勢、手勢、眼神、表情是否得體有自信？
2. 今天開始觀察5個人，從他們的行為表現，體會帶給你的感覺是正向還是負向的感受？
3. 今天就用真誠的目光、親切的微笑、有力的握手，與3個人互動，並察覺自我的感受如何？

心得感想

Lesson18

技巧8 「聲」入人心，溝通更有煽動力

1940年，邱吉爾當選為英國首相，當時希特勒席捲整個歐洲，英國也正面臨二次大戰戰敗的邊緣，但最後的結果卻因為邱吉爾一篇激勵演說，奇蹟般地影響了戰爭局面。

1940年6月4日，邱吉爾在下議院講了一篇激動人心的演說，內容不長，卻強而有力的激盪著人們奮戰的鬥志。他說：「我們要在法國作戰，我們要在海上作戰，我們要帶著堅定的信心和力量在空中作戰，我們要不惜一切代價保衛我們的國家，我們要在海灘上、在陸地上、在巷弄中、在山上作戰。不管怎樣，我們絕不輕言放棄！」

邱吉爾改變英國士氣的關鍵，是運用他個人聲音的特質，聲音洪亮、語氣堅定、停頓加重，他透過聲音來傳遞他的熱情、信念、做法，充分表現出對抗希特勒的決心。也因為邱吉爾透過篤定的語氣、洪亮的聲音，深深鼓舞了每一個前線戰士，激發他們的愛國鬥志，強化了他們勝利的決心。

聲音占溝通1/3以上的影響力

　　美國心理學家麥哈瑞賓（Albert Mehrabian）提出著名的「麥哈瑞賓法則」：溝通，是由7%的言語、38%的聲調、55%的表情動作所構成的，所以聲音在溝通時占了1/3以上的影響力。善用自己聲音的特色，將有效強化溝通的說服力，相同的內容透過不同的聲音表現，就會帶給對方不同的感受，學習音速、音準、音量、音調、停頓、加重等不同比例所組成的說話方式，都會改變別人對我們的觀感。因此，注意說話的聲音，讓你的溝通更有魅力。

音速　　一般人1分鐘說話字數約180～200個字，流暢者可達到220個字。因此，建議訓練自己說話的字數在每分鐘180～220字，讓自己溝通有更多的彈性，因為說話速度的快慢，是要配合對方的速度，遇快則快、遇慢則慢，才能產生共鳴。另外，說話快讓人感覺較聰穎、活潑；說話慢，讓人感覺比較穩重、感性。

音準　　除了語速快慢，讓對方聽的清楚明白，才是最重要的。因此，我們可以一個字一個字慢慢地說，先求清晰，再求快。

音量　　聲音大小，最重要是以讓對方聽的到為主。一般而言，當一個人聲音大時會讓人感覺較有自信、堅定，也

比較有魅力；相反的，聲音過小讓人感覺沒自信、沒想法。訓練方法，就是大聲朗讀文章，由小聲到大聲慢慢練習，自然能找到一個最舒服的發聲音量。

 聲音是有畫面的，就像在講電話時，對方聲音語調的變化、情緒的展現都會影響我們的感覺，不是嗎？那是因為我們講話時，包含了上揚音、中平音、下滑音，上揚代表請求、邀請，中平代表敘述較沒情感，下滑代表命令、要求。可以找篇文章大聲運用不同的聲調來念，將能傳達不同的情緒感受給對方。

 適當的停頓是為了引起對方的注意，而停頓的時間不宜過長，一般而言約1秒內較為恰當。

 在眾多的內容當中，如何當對方聽見重點，最好的方法，就是講話時在要強調的地方，加重語氣。

最後，聲音的形象呈現，不是把自己的聲音變成別人的聲音，而是要發掘個人聲音的特色與魅力、改善不佳之處，好讓我們在溝通時聲音更有煽動力。

應用練習

➔ 情境

請自我檢視你平時的說話習慣為何？

1. 說話聲音太小聲。

2. 講話太快。

3. 講話太慢。

4. 講話常會有口頭禪，比如「這個、那個、喔」。

5. 說話發音不標準，講話糊在一起。

6. 聲音有氣無力。

7. 聲音平淡沒有感情。

8. 講話時表情不多、動作很少。

9. 講話時姿勢過於僵硬。

10.講話1、2個小時就喉嚨不舒服。

11.講話捉不到重點，掌握不到關鍵。

12.說故事講笑話，讓人感覺沒情沒感。

➔ 解析

1. 可以練習「嘿」這個聲音，會讓你的聲音容易從丹田發出，聲音自然會變大聲、而且有自信。

2. 可以把嘴型放大，講話自然會變慢。另外，走路、吃飯慢

一點也有幫助。

3. 可以念一篇文章，多念幾次，速度會越來越快。

4. 過多的口頭禪會擾亂對方，這要靠平時的自我察覺及自我提醒。

5. 發音不標準，就要從基本的發音開始練習。試著一個字一個字矯正發音，也是一個好方法。發音標準，讓人感覺專業，邏輯清晰。

6. 可以練習「嘿」這個聲音，會讓你的聲音容易從丹田發出，氣會較飽足。

7. 立刻拿一篇文章及錄音機，錄下自己聲音，試著在文字不同情境時，運用上揚、中平、下滑音。效果很快就看得見。

8. 肢體影響力為55%。可以面對鏡子練習表情呈現及適當的動作輔助，會更有說服力。

9. 身體僵硬，聲音也容易僵硬，可以熱身、活動一下，或是安靜冥想。

10. 發聲位置不對，可以練習「嘿」這個聲音，會讓你的聲音容易從丹田發出，不是用喉嚨發聲。

11. 先把談話重點記錄下來，然後運用停頓與加重，可以把重點清晰的表達讓對方知道。

12. 運用上揚、中平、下滑音，可以呈現聲音的情緒變化。

→ 圖解

音速
遇快則快
遇慢則慢

加重
強調重點

音準
咬字清晰

聲入
人心

停頓
引起注意

音量
大聲自信

音調
上揚：請求
中平：敘述
下滑：命令

溝通智慧語錄

聲音，是一個人靈魂的反射鏡。

——蓋倫（Aelius Galenus）
古希臘哲學家、醫學家

技巧篇

行動方案

1. 今天就為自己錄一段5分鐘的說話，傾聽自己日常說話的聲音。
2. 檢查自己聲音的表現，是否有融入情感在其中。
3. 大聲地朗誦今天的文章，重複3遍，並感覺3次的差異。

心得感想

Lesson19

技巧9 說對話用對詞，無價

1845年，清朝大將曾國藩為了與太平天國作戰，建立了湘軍。但在1855年、1858年、1860年的3次作戰出擊，卻經歷3次的大敗，最後甚至全軍覆沒。

一個國家的戰敗將領，通常除了會被興師問罪，還要為整個失敗負起最大責任，能保命已經不錯了，但奇怪的是曾國藩非但沒有被懲罰，還被加官進爵，更晉升為兩江總督。

為何能有如此結果？一來是當時清朝的昏庸，二來是曾國藩擅於溝通與表達。關鍵就在於，他在向朝廷報告時，這麼說著：「臣為報效朝廷，雖屢敗屢戰，仍堅持不懈，終因……」，他巧妙地把成語「屢戰屢敗」改為「屢敗屢戰」，「戰」與「敗」的位置一換，感覺大不同，敗績竟然變成功績。

一個屢戰屢敗的將領，因為懂得說話的藝術，最後成為一位奮戰到底、堅強不屈的民族英雄。

一句話若說得合宜，就如金蘋果在銀網子裡

聖經說：「一句話若說得合宜，就如金蘋果在銀網子裡。」中國人說：「一句話說得人笑，一句話說得人跳。」法國文學家雨果說：「語言就是力量。」話人人能說，但不是人人能說出好話，這也道出了說話時的用字遣詞是何等重要。

從上一堂課「麥哈瑞賓法則」得知文字只占7%，但善用文字語言也會有極大的影響力，就如大文豪馬克吐溫說的：「選擇精準的辭彙與普通的辭彙之間的差別，就像是閃電與螢火蟲之間的差別。」慎選辭彙將能提升我們的表達力。

例如，你剛好接到一通找張經理的電話，這時你的措辭和回應則會影響到對方的第一印象，一種是立即回應：「有，他在，請等我一下，我幫你轉接。」另一種則答：「好的。請您稍候。」兩者相較，後者會讓人感覺被尊重。因為前者的主詞使用的是接電話者的「我」，後者則是配合來電者的主詞「您」，使致電的對方感受到自己是貴賓、是主角，這樣愉快的感覺，其實都來自選擇辭彙、選擇以禮相待的文字，特別容易受歡迎。以下辭彙可以多使用：

◎**客氣的用字：**
「請、謝謝、對不起、麻煩您了、感謝您、抱歉讓您久等」
——讓人感覺有禮貌。

◎正向的用字：

「真好看、太棒了、真有趣、真有意思、您真厲害、我相信、我能夠」的用語——讓人感覺是正面積極的人。

◎積極的用字：

「立刻、立即、馬上、現在、盡快、沒問題」——讓人感覺有效率、有執行力。

◎肯定的用字：

「就是、主要、關鍵、重點是」取代「大概、也許、似乎、應該、差不多」的模糊用字——讓人感覺有自信。

◎動詞的運用：

多用「提升、增加、強化、升級、優化、降低、簡化、改善」，這些詞本身就有影響力——讓人感覺有說服力。

◎數字的運用：

數字會說話，多用數字會更有說服力，例如：「這杯水擁有很多的維他命C」，跟「這杯水擁有相當30顆檸檬的維他命C」，後者用具體的數字表達，讓聽眾方便瞭解其中差異。你可以這樣說：效能提升130%、95%的聽眾感動落淚、可降低30%不良率——讓人感覺思緒清楚、分析能力強。

還有一件事，用心記住別人的名字或是職稱，更是拉近彼此距離的最快的方法。美國著名心理學家尤加爾說：「記住，稱呼別人是為了滿足別人的需要，而不是滿足你自己的需要。」

 應用練習

→ 情境

如果你與朋友有約，但過了約定時間，對方還未出現，此時電話聲響了，對方說：「對不起，我會稍微晚一點到。」此時你會如何回答對方：

1. 沒關係，你慢慢來。

2. 好啦，拜託你快一點啦！

3. 要小心點喔！

4. 我知道了，謝謝你通知我，小心安全。

5. 哇，你很誇張耶，每次都遲到。

→ 解析

1. 說沒關係，是讓對方有台階下，會讓對方鬆了一口氣，其實對方既然打電話給你，代表他知道，而非忘記，可能有事耽擱，說你慢慢來更是體貼的表現。

2. 會如此回答是人之常情，因為等人本來就不舒服，但是對

方會打電話告知，代表對方可能擔心你會等過久；換個角度，對方打電話告知的行為是值得鼓勵的，不是嗎？說「你快一點」，只會增加對方的壓力，對溝通實質效益不大。

3. 這是很有同理心的表現，因為對方怕你空等、著急、才通知你，因此回應一句要小心，會讓對方感覺你很貼心，並沒有責怪他的意思。

4. 要這樣回答，平時EQ訓練一定很到位，因為一方面要告知感謝對方的通知、免得我們擔心，另一方面又表達關心、小心安全，會讓對方感覺你重視他的安全大於約會的時間，常會令人感到窩心。

5. 這是在傳遞你的感受讓對方知道，只可惜這是傳達負面的感覺，又加上說「總是」遲到，容易讓對方感覺打電話告知你，還被你念，下次乾脆不要打好了。

⊙ 圖解

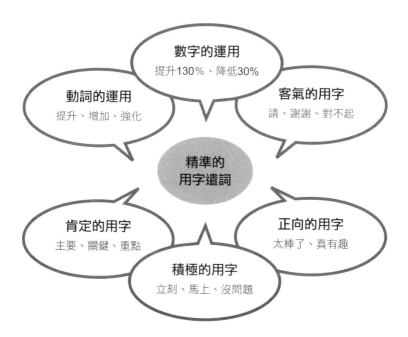

溝通智慧語錄

選擇精準的辭彙與普通的辭彙之間的差別，

就像是閃電與螢火蟲之間的差別。

——馬克・吐溫（Mark Twain）
美國的幽默大師、小說家、作家與演說家

行動方案

1. 今天就開始注意自己的用字遣詞，每天練習一個重點，例如今天是客氣的用字，明天選積極的用字。
2. 傾聽並改善對自己說話的方式，多用正向、積極、肯定的用字，代替批評、責備、抱怨的。
3. 拍拍自己肩膀，並跟自己說：「太棒了，今天我又有新學習與新發現。」

心得感想

Lesson20

技巧10 知己知彼：談視、聽、感溝通類型

著名的溝通大師卡內基先生，每年會在紐約同一家飯店辦30場訓練，有一天收到飯店價格漲3倍的通知，卡內基決定去與飯店溝通。

但他去之前先想，飯店要的是什麼？會失去什麼？我要如何說服他們？於是卡內基開門見山對飯店經理說：「我接到通知很震驚，但如果是我，也會這樣做，因為身為經理的您，就是要幫飯店賺錢，但您加租的同時，也為飯店帶來損失。先說有利的吧！飯店場地用來晚宴、舞會可以賺更多錢。」

飯店經理說：「這我知道，那為何有損失？」

卡內基接著說：「因為您增加租金的同時，我會換別的地方上課，但這個課程每年吸引上千有文化素養的中高階主管來上課，無形中也為飯店打免費的廣告、增加曝光率，即使你們花5,000美金登廣告，也不能邀請這麼多有影響力的人來參觀你的飯店，但我的課程可以。請您仔細評估一下，再給我一個答覆吧！」

說完卡內基點頭微笑就走了。最後，經理讓步了。

人之所欲，施之於人

成功溝通的關鍵，始於瞭解他人所期待，才能採取有效的溝通模式。

一樣米養百樣人，在人際互動中你會發現，有些人你可以快速跟他打成一片，但有些人卻怎麼溝通都感覺格格不入，這其中的差別在於彼此的溝通模式不同而導致的。因此，有效溝通的首要關鍵，就是要瞭解對方的溝通模式為何。

雖然人們的溝通模式有千百種，但人類神經系統的溝通頻道卻只有5種，那就是視覺（看）、聽覺（聽）、感覺（碰觸）、味覺（嘗）、嗅覺（聞），而在溝通時，更是以視覺、聽覺及感覺3種頻道最為關鍵。因此，從這三方面去認識自己擅長的溝通方式、瞭解別人最習慣的溝通模式，必能知己知彼，百戰百勝。

如何快速瞭解一個人的溝通模式，我們可以從日常生活中去瞭解。舉一個具體的例子，說明視、聽、感3種類型的溝通習慣：買東西的時候，有人要看到東西才會有感覺，有人則要聽到才會有感覺，而有人要自己碰觸、試用、親自體會，才會感到滿意，所以我們的溝通策略便要找出溝通模式、並滿足他們。

例如，從事房屋仲介業，若學會瞭解顧客慣用的溝通模式，溝通說服力必然會提升。視、聽、感溝通方式如下：

◎**視覺型客戶**：這間房子非常的<u>方正</u>，而且<u>空間寬敞</u>、<u>四面</u><u>採光</u>、<u>窗外綠草如茵</u>、<u>景色超好</u>，外觀<u>精緻典雅</u>，外面<u>陽台</u>空間大，買這間房子真的非常<u>划算</u>。

◎**聽覺型客戶**：這間房子最大特色就是地點，坐落在<u>寧靜的</u>區域，早上起床還可以<u>聽到鳥叫</u>的聲音，讓您彷彿置身於<u>大自然的</u><u>音響</u>當中，而且<u>隔音效果</u>一級棒，就算好朋友在<u>客廳</u><u>談天分享</u>，也不會<u>吵</u>到孩子念書。整體的裝潢設計還是知名的設計師所設計的，你朋友來你家，絕對會<u>讚嘆</u>它的典雅。

◎**感覺型客戶**：這間房子用的材質非常<u>堅固</u>、<u>耐用</u>，而且格局方正，四房兩廳剛好符合您希望<u>三代同堂一起生活的感覺</u>，而且學區又是<u>明星學區</u>。最重要是的房子設計很寬敞，你可以在家中<u>自由伸展</u>或<u>休息放鬆</u>，這會是一個<u>溫馨舒適</u>的家庭城堡。

看到這裡，你一起感受一下，這3種不同的表現方式，哪一種訴求的方式最符合你的口味，也許你就是以那種感官為主要溝通頻道。但其實人很難分類的如此清楚，大多數的人都是綜合體，只是哪一個溝通頻道最常用而已。接下來把視、聽、感三大溝通類型，做更完整的解析與整理，幫助你知己知彼、百戰百勝。

應用練習

➡ 情境

如果你想要影響、說服一個人，你應該如何做：

1. 盡全力想足夠理由不斷說服他。
2. 只要不合邏輯，我就打斷他，干擾他的談話。
3. 先設法讓對方同意其中某一個重要論點。
4. 在反駁對方的論點之前，讓對方有時間充分的說明。
5. 指出對方錯誤的地方，使對方無法回應。

➡ 解析

1. 當我們一心求勝時，往往會從我們的立場去回應對方，往往容易讓對方感覺我們沒有同理心，此時想要說服對方是非常困難的。改進方式是多從對方的角度出發，先讓對方產生基本的信任感。

2. 任何人當下的回答，都是在他認為最好的情況回答，當我們打斷他只會讓對方感覺更不舒服、不被尊重，最後也許你贏了辯論，但可能失去別人對你的尊敬。如果真有不合邏輯的地方，可以先記錄下來，最後再一起回應，千萬不要打斷別人談話，這是很不禮貌的行為。

3. 一個想說服別人的贏家，會在關鍵的論點上獲得共識，不

會拘泥於煩瑣的細節，因為先要有共識才能讓對方行為改變，因此説服的祕訣是設法讓對方不斷認同你，最後比較容易認同你。

4. 在説服別人之前，如果我們的態度表達了尊重與專注傾聽，至少在讓對方感受到被尊重的情況下，對方較容易聽我們説話，我們才比較容易説服別人。

5. 任何人都不希望被指出錯誤來，特別是雙方立場對立時，對方更是不容易接受；過度指出錯誤，容易讓對方感覺更生氣、更憤怒，當然更難説服別人。

➡ 圖解

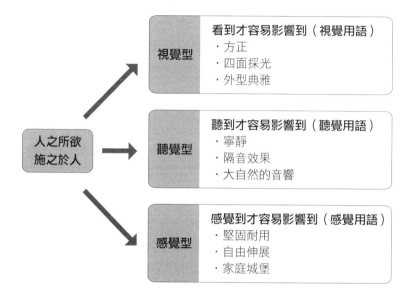

溝通智慧語錄

溝通的真正精神在於建立起對他人的觀察,而非去顛覆它。

——愛得華・包威爾・力頓(Edward Bulwer-Lytton)
英國政治家、詩人、劇作家與小說家

行動方案

1. 請自我檢測，看看上述視、聽、感的房子敘述，你最喜歡哪一個。

2. 今天請開始注意周邊的家人或朋友，察覺他們所用的詞是視覺、聽覺還是感覺用語。

3. 請試著寫下5個視覺、聽覺、感覺的成語或辭彙。

心得感想

Lesson21

技巧11 視覺型：超級high咖

美國前總統雷根，被喻為美國最幽默風趣的總統，同時也是美國史上最受歡迎的總統之一，其中最被大家津津樂道的，就是他樂觀的態度及獨特的幽默表達技巧。

有一次雷根在台上演講，講到一半太座南西夫人不小心突然跌倒了，台下的聽眾很想笑，又不好意思笑。雷根知道大家忍住不笑，於是馬上停止演講、走到南西身旁拉她起來，同時輕輕的說：「我不是說過了嗎？等大家沒有掌聲時，再使出這一招，怎麼這麼快就使出來了呢？」當下大家掌聲雷動，化解聽眾及南西尷尬的氣氛。

雷根為何可以如此幽默風趣？當然跟他過去的演員經驗很有關係。更重要的是他是一個典型的視覺型，視覺型的人就是天生擁有舞台魅力，同時活潑熱情反應快，充滿了創意，人際互動有很大的影響力。

視覺型說服與應對

視覺型的人最好辨別的特性，就是講話語速很快，是個創造情緒的高手，有他的地方絕無冷場，而且保證充滿歡樂與歡笑。這要歸功於他們的反應快、表情及肢體語言豐富，所以表達時很有戲劇張力。他們講話快是因為他們大腦慣用影像思考，看見腦中的畫面會想要把畫面急著講出來，因此會越講越快，講話同時還會比手畫腳、眉飛色舞，語言與非語言並用，讓視覺型成為活潑好動的high咖。

從外在穿著也可以快速辨別誰是視覺型的。視覺型因為常用視覺感官溝通，所以多半對流行敏銳，對外在也會很重視，穿著通常乾淨俐落，喜歡色彩繽紛或五顏六色的衣服或配件，手機配件的顏色通常也都是非常亮的顏色，例如橘色、綠色、紅色、黃色……等。因此當你需要對視覺型的人報告時，可以多用圖表、圖片、影片或合宜的色彩搭配，對他們都會比較有吸引力。

另外，視覺型的人通常走路走的很快、吃東西也吃的快，說話也很快把重點講完就離開，是一個高度目標導向的人。他們去大賣場買東西也是快、狠、準，買完清單上的東西，馬上走人，是一個效率極高的人；但也因為過度重視目標，常常忽略了別人的感受、較缺乏同理心，同時因為視覺型反應很快，所以會很討厭反應慢或動作慢的人，因此較缺乏耐心，特別是個人沒有興趣的事，態度馬上180度大改變。

一般來說，視覺型的人可能會對電影、畫畫、攝影、時裝設

計、室內設計、數學、物理較有興趣。視覺型的人，慣用句子會有這類「看起來好像不錯、我覺得有點模糊、你的重點是、我的觀點是……」；常用詞則有「焦點、明亮、想像、看法、方向」等詞彙。

下面針對視覺型人的特點與溝通應對注意事項，為大家做整合分析：

視覺型特點	視覺型溝通應對機智
站姿較挺、抬頭挺胸	注意良好的站姿、坐姿
習慣用圖像思考	凡事以讓他看到為主要考量、以實物呈現
服裝儀容很整齊	服裝穿著要得體、乾淨
目標導向	講話要以事情為主
講話語速快、節奏快	講話語速要快一點較佳
走路速度快、吃飯快	一同走路時快一點較佳
重視結果	講話直接切入主題
喜歡顏色鮮艷的衣服配件	簡報時，多用圖表、圖片、影片、合宜的色彩配置
講話時表情多、動作大	表情要豐富、肢體要開放較易引起共鳴
有時會缺乏耐心	多說一些獨特性、差異性的事來引起視覺型的注意
活潑熱情開朗、不習慣冷場	可以展現多一點熱情、創意，容易吸引他們注意
喜歡用視覺型用語	多用「重點、明確、清晰」等用視覺型用語

應用練習

➔ 情境

你的客戶張先生年約40歲，平常互動過程中可察覺他語速稍快、表情很豐富，他回答問題總是直接了當、不拖泥帶水；他的穿著乾淨俐落，說話時大聲有自信、且肢體動作大，感覺是非常有目標性的人。你要如何與他有良好互動：

1. 講話講重點，不要過3點。

2. 自信地展現你的專業。

3. 先閒話家常，再切入主題。

4. 運用創意把想法具體呈現出來。

5. 講話時要把內容鉅細靡遺表達出來。

6. 邊聽的時候，把重點寫下來。

➔ 解析

1. 從分析來看，這是標準的視覺型的人。與視覺型客戶報告時，可以用條列式方法表達，例如：今天有三件事向您報告，第一是……第二是……第三是……。

2. 視覺型的人通常也都是很有自信的人，因此他們也容易欣賞喜歡有自信的人。

3. 這是視覺型的大忌，他們最討厭拐彎抹角的人的，最好直

接切入主題。

4. 創意是他們最愛的，但展現創意的同時，別忘了他們是目標導向的高手，最重要是能解決問題才是他們最重視的。

5. 跟視覺型的人說話，記得精簡扼要、說重點，他們不喜歡過多的細節。

6. 這太棒了，第一是可以從視覺型身上學到許多好的點子，第二可以表達對視覺型的人尊重，寫重點是利人又利己。

➜ 圖解

溝通智慧語錄

不管你的內心感覺為何，永遠試著使自己看起來像個贏家。

——亞瑟・艾許（Arthur Robert Ashe, Jr.）
美國網球手，第一位奪得大滿貫男單冠軍的
黑人網球運動員

✎ 行動方案

1. 今天就開始訓練自己，說話速度快一點，表達在3個重點以內。

2. 在鏡子面前練習一個親和又有自信的微笑。

3. 這週內試著穿著色彩鮮艷的衣服去公司上班。

✎ 心得感想

Lesson22

感覺型：
　　　感覺對了，價格無所謂

　　有一天，我跟朋友去新光三越吃飯，路過玩具櫃前，朋友順手拿起一個玩具看看。此時服務人員馬上跑過來，並很有禮貌地問說：「先生，您好，請問您的孩子幾歲了？」「4歲。」我朋友輕聲回答，並把玩具放回原處，去看看其他玩具。此時，服務人員突然興奮起來對朋友說：「4歲玩這玩具，是最好的年齡，因為這款遙控汽車正是為4至6歲的孩子量身設計的！」接著她打開開關、拿出遙控器，簡單操作給朋友看，前進、後退、旋轉、翻滾、彈跳，朋友看得津津有味，此時服務人員又說：「玩這遙控車，不單可以訓練孩子的頭腦，還可以提升反應力、學會解決問題的能力。」講完之後，馬上把遙控器拿給朋友親自操作，並耐心在一旁介紹、解說，最後朋友發出購買訊號：「這要多少錢？」服務人員說：「只要1,580。」「太貴了。」朋友直接回答。此時服務人員緩慢輕聲的說：「如果1,580元可以增加孩子的智慧、訓練反應力及問題解決力，您說1,580元值不值得？」停頓一下，服務人員看著朋友微笑並點頭繼續說：「孩子收到禮物，一定會超開心的。」朋友於是拿出信用卡，成交。

感覺型說服與應對

感覺型的最大特點就是不管做任何事，感覺總是第一考量，只要讓他們感覺對了，他們幾乎很容易買單。

他們買東西的時候，很少是出自理性思考，大多數是憑感覺而做決定，因此在溝通的過程中，真誠態度的展現及愉快感覺的創造，是對感覺型溝通成功的關鍵。此外，感覺型的人情緒與感覺十分豐富、同理心特別強，因此許多人喜歡向感覺型的人吐露心聲；而感覺型人的特質，讓他們成為傾聽高手，他們可以很真誠的關心別人、體會別人的心情，而且不會打斷別人說話──因為他們覺得打斷別人說話，這感覺就不好了。

另外，感覺型的人說話聲音通常低沉而緩慢，且富有磁性讓人很有安全感；他們走路比較慢、吃飯時也會慢慢享受，當然溝通時的反應也會比較慢，因此在與感覺型人互動時，要給他們多一些時間感覺一下，因為他們需要感受到了，才會行動。

感覺型人在說話時，很喜歡玩手機、摸頭髮、轉動原子筆、或輕敲桌面等動作，或在談話過程中與對方有肢體的接觸，他們會拍拍對方的背、或是勾搭對方的肩膀，這都是感覺型傳遞熱情的方式。感覺型的人可能會對運動、雕刻、體操、瑜珈、休閒有興趣，常用的句子有：「這感覺不錯、真是太棒了、我瞭解你的感受」，常用辭彙有：「溫暖、窩心、掌握、穩定」等辭彙。

下面針對感覺型人的特點與溝通應對注意事項，為大家做整合分析：

感覺型特點	感覺型溝通應對機智
站姿時喜歡靠著牆壁	談話時不要太正經，放輕鬆
習慣憑感覺做決定	創造愉快的感覺很重要
講話時會摸頭髮、玩手機	專注他們要傳達的情緒
人際導向	記得先處理心情，再處理事情
講話語速慢、節奏很慢	講話聲音要放慢、放輕、放柔
走路速度很慢、吃飯會慢慢享受	走路、吃飯都要慢一點，才能與他們產生共鳴
重視感覺、家庭、關係	講話時多談一些家庭、關係的議題
喜歡與人有肢體的互動	講話時，適當的與他們有肢體碰觸，會有意想不到的效果
講話時表情不多，較含蓄	表情、肢體動作要收斂，才不會帶給他們壓力
很有耐心，是個傾聽高手	認真傾聽與感受他們的情緒
感覺與情緒豐富，同理心強	可以適時分享自己的感受、感覺
喜歡用感覺型用語	多用「溫馨、掌握、穩當」等視覺型用語

 應用練習

➡ 情境

　　阿志與小娟相約去一家餐廳吃飯，餐廳外落地窗可以看見裡面有很多人，此時小娟雙手抱胸、表情凝重，說「我、不、想、

在、這、吃、飯。」阿志問說為何麼？阿娟就說：「沒有阿，就感覺不是很好嘛！」如果你是阿志，你會說：

1. 這一家是很有名的餐廳耶，沒預約很難吃到的。

2. 不然先進去感覺看看，有沒有比較舒服的位置，再決定好嗎？

3. 我告訴你喔，這家的甜點超美味的，吃了保證你會感動喔！

4. 人很多代表這家餐廳的東西一定很好吃，我們就進去嘗嘗看嘛！

5. 你可以告訴為什麼不喜歡這一家嗎？不然你要去哪裡吃啊？

➡ 解析

1. 從小娟說話緩慢及感覺不是很好可以發現，她應該是感覺型的人，感覺型的人吃東西會在乎好吃與氣氛為優先考量。有名餐廳對聽覺型最有效。

2. 對了，呼應小娟的感覺，邀請她先進去感受舒服或不舒服，同時可以握著小娟的手，眼神溫柔的看著她、並輕聲的說，效果會更好。

3. 感覺型對於美味很難抗拒，可以用美食吸引她進去，同時強調吃了會感動，這都是感覺型所喜歡的，進去機會會較大。

4. 感覺型是個美食專家，因此用人潮強調好吃，也是個好方法。

5. 其實小娟不想去可能也有其他的原因，可能是太吵、她今天想要一個安靜的兩人世界、或朋友說不好吃……等等都有可能，如果她可以告訴你原因，早就說了。此時記得請先處理心情，再處理事情，才會有好結果。

➔ 圖解

溝通智慧語錄

我們人生中所得的報酬，永遠是與我們對待別人的體諒呈正比。

——南丁格爾（Florence Nightingale）
知名英國戰地護士，
被稱為「克里米亞的天使」

✏️ 行動方案

1. 今天請隨時隨地感受你的情緒，並試著説出自己的感受，
   例如：我很期待、我很感動、我很無奈……。
2. 請放慢平時吃飯的速度、走路的速度，感受一下身邊的人
   事物。
3. 真誠傾聽家人或朋友説話，而且不要打斷他人。

✏️ 心得感想

Lesson23

聽覺型：
喜歡自問自答、自言自語

著名的世界三大男高音之一的帕華洛帝在成名之前，經常四處去巡迴演唱。有天晚上正準備就寢時，隔壁傳來一陣哭聲，「嗚～哇！」而且一哭就是3小時，吵得他心裡好煩，而且睡不著。想到明天的巡迴演唱，心中突然湧上一股壓力，剎那間，他內心突然一個聲音：「我平常唱歌1個小時就快沒力氣了，然而這小嬰兒怎麼哭了這麼久，聲音還是如此中氣十足？」於是他開始仔細聆聽嬰兒的哭聲，後來才發現小嬰兒在哭的時候不單是用丹田發聲，同時還會在他們快破聲的時候，把聲音拉回來，所以才能哭的這麼久、聲音還是如此響亮。

從那天起，他開始嘗試學習小嬰兒發聲的方法，不久便捉到其中的精髓，成就他個人獨特的「義大利式美聲唱法」，最後成為知名的聲樂家。

更令人意外的是，義大利具有相當影響力的《晚郵報》曾披露帕華洛帝承認自己不識樂譜，很多人好奇不懂樂譜為何可以唱出如此美妙的聲樂？其實帕華洛帝的樂譜，藏在他的心中，因為聽覺型的人，對聲音是非常敏銳的。

聽覺型說服與應對

　　聽覺型的人傾向用耳朵去知覺外在的事物，喜歡自問自答、自言自語，因為他們是透過聲音來思考。他們對聲音也相當敏銳，擅長邊聽邊學，談話中對別人說話的用字、口氣、音調特別敏感，很害怕吵雜的環境。

　　聽覺型人很擅長與人交談，事實上他們是非常棒的談話者，因為話題可以多元性、且無所不談；談話間，他們擅長引導、分析、整合，傾向控制整個談話過程，他們的聲音語速不疾不徐，快慢適中、抑揚頓挫非常鮮明，聲調活潑多變化，是說故事的高手。但如果你跟聽覺型說話，常需要多花一些時間，因為聽覺型若要談一件事，比較喜歡從細瑣的事開始談起，談話時可能會繞了一大圈，然後才切入主題。所以與聽覺型的人溝通時，記得要隨時聚焦主題才能有效溝通。

　　另外，聽覺型人一般的邏輯分析能力不錯，因此讓人感覺比較理性一些，對於權威人士沒有什麼抵抗力，喜歡多聽別人的見證分享，因此多用一些名人見證分享，對聽覺型很有效。

　　聽覺型可能對音樂、語言、演講、寫作、訓練、諮商協談有興趣，慣用詞句是：「聽起來不錯、我再想想看、讓我們來聊聊、我想跟你分享」。慣用辭彙有「討論、說明、談談、分享」等辭彙。

　　下面針對聽覺型人的特點與溝通應對注意事項，為大家做整合分析：

聽覺型特點	聽覺型溝通應對機智
站的時候，身體喜歡歪一邊	以身體放鬆方式互動
習慣憑聽到的事做決定	注意聲音語調、口氣、用詞
講話時比較愛說、不愛做決定	適時引導他們做決定
愛講話，電話費比一般人高	認真傾聽他們說話很重要
講話語速適中，韻律節奏鮮明	講話聲音要多變化，可以多練習上揚、中平、下滑音
讓人感覺溫文儒雅，斯文型	
重視邏輯、分析、數據	講話時多談一些有用的數據、資料，可以幫助他們下決定
習慣自問自答或自言自語	適當的問問題，引導他們回答重點
講話時表情不多，較內斂	傾聽他們聲音的情緒（興奮、生氣、無奈）
聲音多變化，是個說故事高手	多說故事，聽覺型超喜歡
對權威人士沒有抵抗力	可適當引用名人見證或是其他口碑（網路、雜誌）
喜歡用聽覺型用語	多用「討論、分享、說法、聊聊」等用聽覺型用語

應用練習

➡ 情境

　　如果你的同事小劉講話時喜歡繞圈子、不直接切入主題，而你

的時間又有限的情況下，你會如何應對：

1. 對不起，你要講的重點是什麼？
2. 先不管他的內容，就是單單傾聽他說什麼。
3. 小劉，不好意思喔，我很想聽你說，但因為我再過10分鐘要開會，請問你5分鐘內可以說完嗎？如果不行，我們要不要晚點再談？
4. 不曉得小劉您想要表達的重點是？可以更聚焦說明嗎？
5. 先給他5分鐘閒聊，5分鐘聽完後說：「這的確很有意思，來吧，讓我們直接切入主題吧！」

➡ 解析

1. 這樣對視覺型的人可以沒問題，但對於感覺型、聽覺型的人，會覺得你太以事導向了，別忘了，愉快的感覺也很重要的。
2. 視覺型講求速度，感覺型重分享的感覺，但聽覺型喜歡循序漸進。如果對方是聽覺型的話，有時聽他說話就是在溝通了。
3. 這是很不錯的話術，先講你願意聽，只是因為時間關係，同時還給出時間詳談，充分表現出誠意。
4. 這是很棒的引導問句，特別是對聽覺型的人，他們非常喜歡回答問題，當我們說「更聚焦」時，通常他們的表達也會更精準一些。

5. 對於聽覺型的人來說，讓他們暢所欲言是一件痛快的事，但記得要提供有限時間讓他們分享，然後再切入主題，通常這樣對方意願會比較高。

⊃ 圖解

溝通智慧語錄

如果你想讓人由衷地接受你的建議，就必須
用溫婉一點的聲調與人溝通。

——雨果（Victor-Marie Hugo）
法國浪漫主義作家的代表人物，
法國文學史上卓越的作家

行動方案

1. 請選一個適當環境，閉上眼睛，聆聽環境的一切聲音，試著確認這是什麼樣的聲音。
2. 請選一個平常不會去聽的音樂，開發聽覺感官，如聖歌、老歌、韓國歌、爵士樂等等。
3. 拿起本書任何一個故事，開始練習說吧！

心得感想

Lesson24

技巧14 打開心門的鑰匙——親和力

　　有扇大鐵門上面有個大鎖，看起來不大，於是鐵鎚看了就說：「讓我來把它敲開吧！」於是「碰！碰！碰！」幾十次的用力後，鐵鎚已經癱在旁邊了，但大鎖還在。

　　此時鋸子在旁邊說：「來吧，讓我把他鋸開吧！」一陣尖銳刺耳的聲音傳來，結果大鎖還是好端端在那。

　　後來，工具界的大哥大斧頭出現了，他說：「真是的，這點小事就把你們搞成這樣，看我的！」於是斧頭一躍而上，上砍、下砍、直砍，但大鎖依舊沒反應，這時他們一起大喊：「咱們一起上吧！」於是鐵鎚、鋸子、斧頭不斷用力的要打開大鎖，但大鎖仍然紋風不動。

　　就在這時候，工具箱內有一個小鐵片說話了：「讓我試試看吧！」原來，說話的鐵片名字叫鑰匙！鋸子與鐵鎚大笑：「就憑你這一丁點力，怎麼可能打得開，別做夢了！」小鐵片不管他們怎麼說，只是一頭鑽進去大鎖的小孔內，身體一個翻轉「喀」一聲，大鎖馬上被打開了。

　　此時大家好奇的說：「你為何如此容易打開它呢？」

　　鑰匙輕聲的說：「因為我懂得深入它的心。」

有樣學樣，增加瞬間親和力

我們常用說教、教訓、批評、說服的方式要對方就範，但結果是對方的心依然緊閉，沒有改變。學學鑰匙吧！用溫柔的態度，深入對方的心，其實親和力就是人際溝通心門的鑰匙，它可以除去人心中的陌生感、讓對方感覺很舒服，使雙方都處於一個彼此信賴的狀態，它就像是一座橋梁，把人的心緊緊連結在一起，讓彼此的溝通更順暢。

人都喜歡跟自己相像的人在一起，這叫物以類聚。如果你去一個宴會，常常都會去找一些你認識的朋友、或是跟自己有相同背景的人互動，不是嗎？因為當人們擁有共同點時，他們便會進入最親切、最舒服的狀態。

還記得我們學過的視、聽、感溝通類型嗎？試想，講話很快的視覺型，碰到講話很慢的感覺型，這位視覺型可能會發瘋；但如果遇到的也是視覺型，他們就能天南地北聊個不停，因為他們處在一個相同的溝通頻率，溝通的效果自然好。換句話說，共同點越多、相處就融恰，差異性多、衝突就變大。所以如果遇到視覺型的人，我們馬上用視覺型的方式溝通，遇到感覺型時，我們就變成感覺型的溝通方式，這個過程，我們稱為「調頻」。

英文單字「like」有兩個意思，一個是相似，一個是喜歡。換句話說，人喜歡跟自己相似的人在一起，因為有共同點。所以只要透過模仿對方的講話內容、聲音語調、肢體動作，不知不覺對方會感到這樣的方式，好熟悉，彷彿似曾相識一般，其實是自己

慣用的方式。以下是幾個模仿的關鍵要點：

●文字語言：

如果對方說的是視覺用語，你也要跟著用視覺用語，才能與他進入相同的頻率，進而產生更多共同點。

●聲音語調：

一個人的語速快、你也要跟著快，對方若是語速慢、你的語速也要跟著慢，若是對方的聲音是韻律節奏鮮明，你的聲音語調也必須跟著調整，才能產生更多共鳴。

●肢體動作：

如果一個人走路快、你也要跟著快，對方顯出慵懶的樣子、你也要表現出慵懶的樣子，對方穿著很休閒、你也要穿著休閒，才能產生共鳴；如果對方的表情豐富、當然你也要盡量表情豐富，對方講話若是有習慣手勢、你也要做同樣的手勢，這樣才容易產生共鳴。

關於模仿，有幾件事提醒你：

1. 不要同步模仿，否則對方會覺得怪怪的。
2. 模仿的次數不要過多，對方10次、你大約3次即可。
3. 不雅的動作不模仿，例如對方身體的缺陷、生氣的表情，如果模仿，會讓對方感覺在取笑他。

4. 模仿的動機要正確，唯有正確的動機才能帶來親和力的效果。

最後要提醒你，瞭解人的目的，是為了找出與對方最適合的溝通頻道、進而投其所好，而其中最大的關鍵就是我們要具備彈性能力，才能保有自己、適應別人，創造雙贏溝通。現在就開始模仿對方的文字、聲調、動作，將會感受到親和力的魅力所在。

應用練習

➔ 情境

如果到了一個陌生的環境，請問你通常會用何種方式建立親和力：

1. 親切、熱情的微笑。
2. 主動與人接觸、握手。
3. 尋找共同點、經驗。
4. 用語言表達你對對方的認同。
5. 讚美對方的特點。

➔ 解析

1. 太棒了，微笑是世界共通的語言，也是親和力的基本動

作，需要不斷練習，直到你很喜歡你自己的微笑為止。

2. 很有親和力的表現，握手是一種溝通，更是一種連結，更重要的是，這表達出我們是朋友。

3. 沒錯，人不親，土親。擁有共同點、共同記憶、共同信仰，會讓雙方更親近，因此溝通當中，尋找越多共同點，雙方越有親和力。

4. 這非常重要，人們喜歡跟認同自己的人在一起工作、生活，因此當我們表達我們的認同時，也瞬間拉近彼此的距離。

5. 這是拉近彼此關係很好的方法，讚美可以滿足別人內心的需求，因此當對方被你認同、肯定、欣賞，相對的對方也會用同樣方式回報你。

➜ 圖解

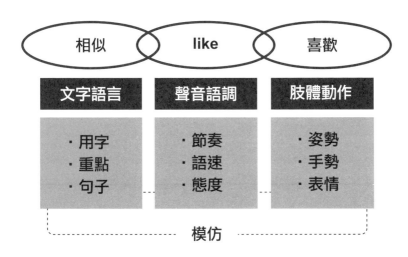

相似　　　like　　　喜歡

| 文字語言 | 聲音語調 | 肢體動作 |

・用字　　　・節奏　　　・姿勢
・重點　　　・語速　　　・手勢
・句子　　　・態度　　　・表情

————————— 模仿 —————————

溝通智慧語錄

請記住與你談話的人，對於他自己、他的需
求、他的問題，比對你及你的問題興趣大的
多。

——戴爾・卡內基（Dale Carnegie）
美國著名的人際關係學大師

行動方案

1. 面對鏡中的自己，找出一個自己認為最有親和力的微笑。

2. 今天不管是上班、搭電梯、見客戶，主動微笑並與對方握手。

3. 試著與3個人說話，模仿對方的文字、聲調、動作，並察覺對方有何反應？

心得感想

Lesson25
技巧15 認同法則，瞬間拉近彼此關係

現任「創新工廠」創辦人、也曾任Google全球副總裁、微軟全球副總裁，更是比爾・蓋茲（William Henry "Bill" Gates III）7個高層智囊團之一的李開復先生曾說過一個故事：

微軟公司平台部門的副總裁吉姆・埃爾勤（Jim Allchin）是微軟公司中最重要的角色之一，但大家可能不知道，當年比爾・蓋茲邀請吉姆進公司時，是頗費周章的。

當時比爾・蓋茲透過朋友多次聯繫吉姆，但吉姆完全不理會。後來經過比爾再三邀請，吉姆終於願意過來公司見比爾一面。結果，吉姆一見到比爾，就直接了當的說：「微軟的軟體是世界上最爛的，實在搞不懂你請我來做什麼。」不過令吉姆驚訝的是，比爾・蓋茲不但沒有反駁他的話，反而認同他所說的，比爾・蓋茲很真誠的回答說：「是的，正是因為微軟的軟體存在各種缺陷，因此微軟才需要你這樣的人才。」

比爾的謙和態度與睿智表達，深深感動吉姆，而吉姆也為公司做出重大的貢獻，開發出前後三代WINDOWS作業系統，使微軟大放光彩。

從某個角度來說，比爾・蓋茲的態度救了微軟公司。

溝通像鏡子：你先認同對方，對方跟著認同你

溝通千萬不要用對錯來看事情，因為是、非、對、錯，通常是因為立場及觀點不同而已。因此，當你反對對方的意見時，等於間接告訴對方：「你錯了。」此時對方為了維護自我的自尊、或證明他是有道理的，可能會找更多理由來證明他說的話，此時就容易產生爭執、摩擦與對立。之前幾堂課曾提過，共同點越多、相處就融恰，差異性多、衝突就變大，所以在溝通時，當你認同對方時，也是增加共同點。人際溝通像鏡子，當你先認同對方時，對方也會認同你；當你認同對方時，對方會感覺彼此好像是同一國的，就比較容易信任你。別忘了，溝通不是爭對、錯，而是為了達成共識。以下提出幾個認同法則與認同用語供參考：

●認同法則

1. **直接認同法**：對方說的內容，當你打從心裡認同，此時可以直接說「沒錯，我也是這麼認為的」、「是的，我也是這麼想的」。

   例如：

   A：我覺得買手機實用才是最重要的。

   B：沒錯，我也是這麼認為的。

   A：我覺得電影《賽德克·巴萊》超好看的。

   B：對啊！我也是這麼覺得。

177

2. 間接認同法：當對方説的話，你心中並不認同時，如果硬要認同，感覺自己沒主見，如果不認同，很容易與對方陷入爭辯當中。此時可以這麼説「沒錯，很多人也是這麼認為的」、「我以前也是這麼想的」。間接認同法採用語言上的認同，來降低對方的防衛心，再等待對的時機把話説出來，對方較容易接受。前面例子裡的比爾・蓋茲，就是採用間接認同法來引起吉姆的注意，然後再有更多的解釋。

例如：

A：我覺得買手機實用才是最重要。

B：沒錯，我以前也是這麼想的。

A：我覺得電影《賽德克・巴萊》超好看的。

B：對啊！很多人都是這麼認為的。

●認同用語

有時説話除了上述的認同法則，有3句認同語，也很有威力。

1.「那沒關係」

例如：

A：今天一起看電影好嗎？

B：不好意思，今天要加班耶。

A：那沒關係，工作優先，那麼下星期好了。

工作優先，認同了對方工作重要，再提到下星期。

2.「太棒了」

例如：

A：今天一起看電影好嗎？

B：好啊！

A：太棒了，我7點過去接你

如果對方的答案是否定，我們就回答「那沒關係」，肯定就說
「太棒了」，都很有認同的感覺在其中。

3.「這是一個好問題」

例如：

A：為什麼你們的東西比別人便宜？

B：太棒了，這是一個好問題（先認同對方），因為我們不
做廣告，把利益回饋給消費者。

以上3個認同句子，可以把我們對別人的認同，變成直覺的反
應，只要不斷練習，一定能讓我們與人溝通時更為融洽與和諧。

➔ 情境

在公司的跨部門會議當中,另一個部門的同事Peter,針對你部門的提議直接批評:「這不管用啦、以前用過就是無效、說是容易,做卻很難囉!」你會如何應對:

1. 告訴他,請他尊重別人的創意,不要隨便批評。

2. 改變議題,先討論其他方向。

3. 向他解釋這次的專案有何不同。

4. 詢問其他人的意見與想法。

5. 先聽他說完,然後問他有何新的想法或主張?

➔ 解析

1. 容易造成衝突。

2. 容易讓對方感覺我們心虛。

3. 對方已經反對,此時說太多也無效。

4. 這是一個方法,運用群體的想法來影響他。

5. 面對意見不同的處理,最好的方式就是尊重對方,先聽對方所說的,再詢問對方的觀點,不要立即反駁。

有3個步驟提供參考：肯定→詢問→回應。

Step1. 肯定：「謝謝您提出這個問題，讓我有機會做完整的思考與應對。」

Step2. 詢問：「其實我不曉得您為何會這樣認為？可否舉例讓我更清楚明白呢？」

Step3. 回應：可採用認同法則，先認同他，再說出你的想法。「太棒了，謝謝Peter提出一個這麼有建設性的提議，讓我們可以把這次的專案，做的更完整。」

➡ 圖解

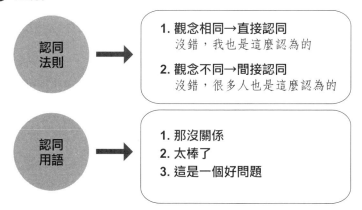

認同法則 →
1. **觀念相同→直接認同**
   沒錯，我也是這麼認為的
2. **觀念不同→間接認同**
   沒錯，很多人也是這麼認為的

認同用語 →
1. 那沒關係
2. 太棒了
3. 這是一個好問題

溝通智慧語錄

尊重他人的意見，切勿對他說：「你錯了。」

——戴爾・卡內基（Dale Carnegie）
美國著名的人際關係學大師

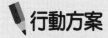

行動方案

1. 觀察你的同事、家人，他們面對異議的時候處理方式為何？
2. 今天找3個人練習認同法則，並觀察對方反應。
3. 今天把認同用語與3個人溝通，並觀察其反應。

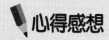

心得感想

Lesson26

技巧16 讚美
開啟人性的光明面

前奇異前執行長傑克・威爾許（Jack Welch）被《財星》雜誌稱為「二十世紀最佳經理人」、《產業週刊》（Industry Week）稱為「最令人尊敬的執行長」。而造就威爾許成功的關鍵，就是語言的激勵藝術，他說：「懂得讚美與激勵的經理人，將會引導出人們最好的一面，為員工注入信心，鼓舞他們持續地迎向新挑戰。」

但很少人知道，傑克・威爾許在他的自傳《jack》中自述他身高不高、還有口吃的毛病，在他的內心有很深的不安全感。但他卻是少年球隊中，個頭最小的一位，且令人好奇既然有口吃的問題，如何能成為全球的激勵高手？傑克・威爾許究竟是如何克服自己內心的恐懼與障礙的？答案是來自母親的鼓勵。

在威爾許眼中，母親雖從未擔任管理工作，卻是建立自尊的專家。他感恩的說：「母親給予我的禮物中，最珍貴的一件，或許就是用語言建立我的自信心。」威爾許小時候因為有口吃、這容易讓孩子失去自信的毛病，卻被威爾許母親的一句話便輕易地化解了、同時還建立了信心。母親肯定的告訴威爾許：「那是因為你太聰明了，你舌頭跟不上你大腦思考的速度。」

一句好話，三冬暖；一句壞話，六月寒

一句讚美的話，幫助一個有口吃的孩子成為二十世紀最佳經理人。可見說對話，更是人際關係中一個無價的投資。正所謂的「一句好話，三冬暖；一句壞話，六月寒。」

你還記得第一次被人讚美時的感覺如何？是不是充滿能量、感覺前途一片光明，充滿了希望，心中更是喜歡或欣賞這個人？沒有其他的原因，因為他看見你的優點、發現你的潛能，開　你人生的光明之窗，不是嗎？

其實，你也可以成為激勵別人的高手，關鍵在於你的眼光是看見對方的優點還是缺點。優缺點是角度的問題。例如：優柔寡斷的人，很可能也是深思熟慮的人，只要透過觀察，你也可以成為讚美的高手，你可以從4個面向來學習讚美：

1. 外表形象
2. 成就表現
3. 品格態度
4. 個人潛力

不管你的語言表達技術是否成熟，只要是對別人說「信心、祝福、感謝、讚美」的話，只要是好話，就能開　人的光明面。

讓我們向傑克・威爾許的母親學習吧，向我們的孩子、同事、朋友、家人說出讚美的話語，因為它就像小蠟燭一樣，在光明中不感覺它亮，但在黑暗中，它卻是指引一個人生命的明燈。

應用練習

➡ 情境

你的同事Jack是本月的銷售冠軍,你要如何讚美他:

1. Jack你真是太神奇、真是太厲害了,是我們本月的第一名耶!

2. Jack你可以第一名,我認為那時遲早的事,因為你做事的態度很積極,跟客戶講電話很清楚、也很有禮貌,回答也很專業,在我心中,你早晚必然是公司的明日之星。

3. Jack太棒了,你一定要繼續加油囉,不然後起之秀很多喔!

4. Jack恭喜你本月第一名,我覺得這是你應得的,因為我看見你早上7點多就到公司,每天堅持三訪客戶,而且有問題就會追根究柢、直到瞭解,我真的要多跟你學習學習。

5. Jack你真是業務員的榜樣,我每次跟你請教問題,你的回答都好清晰、好專業,聽完馬上就懂,而且你的態度又好客氣,能成為你的客戶,真的是很幸福。

➡ 解析

1. 只有描述成就表現,並無太大的激勵性,第一次聽很快樂,聽久了容易膩。

2. 「那是遲早的事」（對未來的激勵）、「做事積極、講電話清楚、有禮貌、很專業」（做事的品格態度）、「早晚是公司的明日之星」（個人潛力讚美）

3. 雖然是好意，但讓人感覺說話的焦點是要更努力，不要過度鬆懈，容易讓人會錯意。

4. 「那是你應得的」（有同理心的表現）、「早上7點多到公司、堅持三訪、有問題就會追根究柢、直到瞭解」（品格態度讚美）、「向您學習」（間接告訴對方你是我的學習榜樣）

5. 「業務員的榜樣」（你的行為、表現、態度、潛力都是一級棒的）、「每次向您請教問題，你回答好清晰、好專業」（帶給你的感覺）、「聽完馬上就懂」（帶給你具體的幫助）、「成為你的客戶好幸福」（讚美他的獨特性）

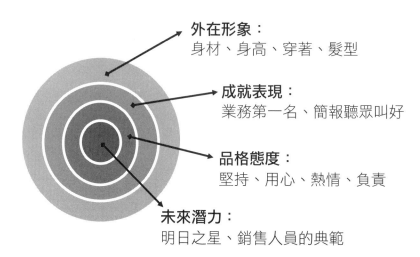

外在形象：
身材、身高、穿著、髮型

成就表現：
業務第一名、簡報聽眾叫好

品格態度：
堅持、用心、熱情、負責

未來潛力：
明日之星、銷售人員的典範

溝通智慧語錄

「我們讚美甚麼，我們就增加甚麼。整個人
對讚美都有回應，並因讚美而高興。因此肯
定別人是容易的、有趣的、又會得到美好的結
果。」

——腓莫爾（Charles Fillmore）
美國新生活思想研究文學家

行動方案

1. 今天就找出3個同事、朋友、家人給予讚美，並觀察對方的反應（微笑、喜悅、滿足、快樂）。
2. 寫簡訊、E-mail給3位好朋友，讚美他們的態度或品格。
3. 寫下你的個人潛力，並拍著自己的肩膀，說出3句讚美的話。

心得感想

Lesson27
技巧17 一開口說話就是重點

　　美國大學籃球教練吉米・瓦爾我諾（Jimmy Valvano），在1993年3月4日發表了一場令人動容的演說，在近代的運動史上，占有非常重要的地位。

　　瓦爾瓦諾曾於1983年率領北卡羅來州立大學打進NCAA的總冠軍賽，10年後，癌症末期的瓦爾瓦諾獲頒「亞瑟・艾許勇氣與人道獎」（Arthur Ashe Courage & Humanitarian Award），並發表這個演說：

　　「在我看來，我們每天都應該做3件事，有生之年都應該如此。第一件事是歡笑，你每天都應該開懷大笑。第二件事是思考，你每天都應該撥出時間思考。第三件事是感動流淚，你每天都應該體驗熱淚盈眶的時刻，喜極而泣也很好。想想看，如果你一天之內能夠歡笑、思考與流淚，這一天將會是如何的圓滿。癌症可以剝奪我所有的身體能力，但這三樣東西永遠都不會消失。謝謝大家，願上帝保佑大家。」

捉住開場、主題、結論，簡潔又有力

溝通，不在於你說了什麼，而是對方聽到什麼。

特別在競爭激烈的時代，主管、同事、客戶的時間有限，如何把想法清晰、簡潔、有力的表達，而且讓對方想聽、愛聽、認真聽，甚至聽完後留下深刻印象、進而採取行動，更是重要。因此，不管是公司內部報告、會議陳述意見、向顧客做簡報、向女友求婚、說服老闆為你加薪，你都需要擁有表達說服力。

就像瓦爾我諾的表達雖短，但他的核心重點「歡笑、思考、感動流淚」，卻讓人印象深刻，原因是他用了超好用的表達技術：開場、主題、結論三部曲。「開場」，就是預告，把你將要說的話，先說一遍；接下來的「主題」就是你的核心概念或你想表達的重點；到了最後的「結論」，就是把你說過的話，再強調一遍，讓人記住所聽到的事。不管做任何報告，不管從30秒到30分鐘的報告，掌握開場、主題、結論，這樣的表達就能讓人清晰易懂、快速明白。以下提出實例供參考：

●關於自我介紹

Part 1 開場：

大家好，我的名字叫陳志勇，目前我有3個重要角色，講師、作家、顧問。←把你將要說的話，先說一遍。

Part 2 主題：

講師，我有10年1,000場的演講經驗。作家，最近出的一本書叫《開始上台做簡報》。顧問，目前在私人企業及非營利組織擔任顧問。←主體就是你的核心概念或你想表達的重點。

Part 3 結語：

所以，講師、作家、顧問，就是我目前最重要的3個角色。謝謝大家。←就是把你說過的話，再強調一遍，讓人記住所聽到的事。

所以只要掌握開場、主題、結論，我們就可以快速準備，聽眾也容易聽的清楚。

以下另外將開場、主題、結論的目的與實用技巧列出提參考：

●開場目的→引發興趣

實用技巧：

1. 讚美聽眾，與聽眾建立親和感。

2. 感謝聽眾。

3. 重點預告。

4. 有關聽眾的利益。

5. 破冰，說個故事或笑話。

●主題目的→核心重點與證明資訊

實用技巧：

1. 核心重點：非常簡潔有力的把你想表達的重點，歸納成3點（「3」是人們最容易吸收、記憶的數字）。

2. 證明資訊：除了你說，還有誰可以幫你說，目的是增加我們的可信度，或是一些補充的資訊，幫助對方理解（數字證明、個人經驗、故事隱喻、成功個案、時事新聞、引用成功人士的話語）。

●結論目的→提醒與要求行動

實用技巧：

1. 把談過的重點重複再提醒一次。

2. 用一句來做總結。

3. 採取行動的好處。

簡潔有力的表達，是成為職場精英的必備能力，就如同管理大師彼得‧杜拉克說的：「只要你開始從職場基層向上移動，你的成敗將決定於能否運用語言和文字與別人溝通。」現在就開始練習表達力吧！

應用練習

➡ 情境

如果明天你就要上台簡報，你會如何準備：

1. 把簡報內容寫下來，盡量把稿子背熟。

2. 先想簡報重點及核心概念為何。

3. 開始上網收集相關資訊。

4. 把開場、主題、結論的時間及內容大致規畫一下。

5. 好的開始是成功的一半，先想開場的故事。

➡ 解析

1. 上台簡報不單是報告，更是融合文字、聲音、肢體、情感，背稿子容易讓聽眾感覺沒情沒感，但可以寫大綱。

2. 是的，在簡報之前，我要表達的核心概念與重點為何是最重要，當然聽眾的瞭解也是不可缺少的，可以想一想內容是聽眾想聽的嗎？或聽眾對什麼內容感興趣？知己知彼，才能百戰百勝。

3. 不建議這樣做。鼓勵先完成開場、主題、結論的結構，再找資訊當補充資料較好，因為臨時找的資料，我們很難全盤瞭解。

4. 是的，成功的簡報在於結構、時間、內容的配搭，先大致

規畫，報告的基本方向就會很清楚，最後再優化即可。

5. 是的，開場很重要，不過簡報的核心是主題，因此先想主題，才是最重要的，而開場與結論都是為了襯托出主題的重要。

➡ 圖解

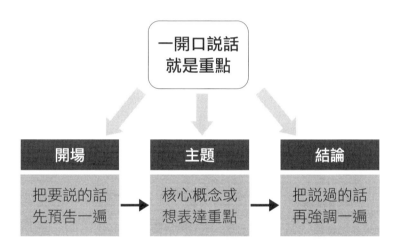

溝通智慧語錄

只要你開始從職場基層向上移動，你的成敗將決定於能否運用語言和文字與別人溝通。

　　——彼得‧杜拉克（Peter Ferdinand Drucker）
　　　美國作家、教授，被稱為「現代管理學之父」

行動方案

1. 現在就想你自我介紹的3個角色（父親、老師、學生）。
2. 想一想有什麼補充資料，可以證明或是輔助說明的（工作 20年、得過什麼獎、經驗）。
3. 運用開場、主題、結論在60秒內做完自我介紹。

心得感想

Lesson28
技巧18 運用E-mail的表達藝術

　　從前有個非常愛說人家閒話的婦女，有天來到教會的牧師面前，向牧師道歉：「我過去說了很多不該說的閒話，甚至連牧師您我都有說過，現在我心中感覺很難過，真的不知該怎麼辦？」

　　牧師沒有說話，只是拿一個枕頭給她，把她帶到教會的頂樓廣場，請婦人把枕頭裡的羽毛全部倒出來，婦人照做了。後來牧師說：「好了，現在請妳把所有的羽毛收回來，然後放在枕頭裡面。」婦人甚是為難：「牧師，您真愛開玩笑，飛出去的羽毛怎麼可能收回來呢，這是不可能辦得到的。」牧師很嚴肅的說：「你要追回你所說的閒話，那就更難做到了，不是嗎？」

　　同樣的，在這網路的時代，用E-mail來溝通已司空見慣，但常為求方便，在文字表達過程中忽略了收信人的感受，造成人際溝通上的負面效應。因此，在使用E-mail溝通時，要注意禮貌、用字遣詞、表達語氣……等等。

　　更重要的是，你所寄出的信，是無法收回的，因此運用E-mail的表達藝術，將為你的溝通加分。

撰寫E-mail 注意事項

　　E-mail是個普遍方便使用的工具，但可能因為疏忽，造成多餘的困擾。關於E-mail，有3件事一定要知道：首先，溝通的管道很多，E-mail的使用只是溝通的一部分，別忘了還可以面對面溝通。再者，E-mail溝通的對象是人，因此別忘了對方收信的感覺、感受。最後，E-mail是用來溝通，不是寫作文，內容應力求簡潔易懂為上策。以下歸納7大原則供參考：

1. 簡潔有力的標題

　　標題應讓收件者一目瞭然、快速瞭解這封信的主要意義。因此，未填寫標題，是件不禮貌的事。例如：「12月8日員工訓練注意事項」

2. 適當的字型與字體

　　內文可用16～20的字型，對方看得比較舒服；字型可選用標楷體、中黑體較佳；顏色可用深藍色，重要事項可用紅色標示。

3. 禮貌的問候及真誠的結尾

　　寫電子郵件就像在跟人說話，還是需要有禮貌。可以這麼寫：「我知道了，謝謝您的來信提醒。」、「感謝您的文章，保持連絡。」、「謝謝您。」、「某某敬上」，末尾可以加上署名，內有公司名稱、姓名、連絡方式。

4. 內容力求精簡扼要

簡單的對話、訊息的傳達、資訊的分享，可用E-mail，但過於複雜的事情，盡量不要用E-mail，免得溝通失真。如果有許多事要傳達，不妨用條列的方式表達。例如：有3件事請教您：1.您班機到達時間 2.隨行人員幾位 3.到飯店後想到其他地方嗎 4.有無需要協助地方？

5. 內容不要有錯別字

內容請注意不要有錯別字，否則容易讓對方感覺不專業、沒用心。最好的方法，就是寄出去之前，再仔細檢查一次。

6. 明確告知回信時間

一般而言，當我們寄信出去，會希望對方盡快回信，特別是重要的事情，更希望對方的回覆更快一些。因此，當我們收到信的時候，可以馬上回覆：「資料我收到了，謝謝你。」讓對方知道。如果需要較長時間思考回信，也可以寫：「我知道了，在○○之前會給您答覆，謝謝。」好讓對方安心。

另外，每個人的收信習慣不同，如果你希望對方盡快回信給你，記得要明確寫日期，請不要寫「請盡快回覆」。

7. 客制化的 E -mail溝通原則

E-mail的收件人最好是單一對象為佳，把副本的人數降到最低，同時注意對方的職稱、姓名、部門千萬別弄錯。記得禮多人

不怪，常說「請、謝謝、感恩」等話語，雖然沒見面，但這些話可以讓對方感到你誠意。

其實，從寫E-mail可以看出一個人的為人處世態度，是否有同理心、在乎收信者的感受，不管是用字遣詞、回信的時間、真誠的問候、內容的精簡，這些都是細節，只要我們多點用心，對方一定能感受到的。

 應用練習

→ 情境

主管交辦你向同事要求一些資料，你希望對方即時提供資料彙整，但對方卻遲遲未回覆，於是你又寄一次，得到的卻不是想要的資料，請問如何才能得到你要的資料：

1. 檢查自己所寫的字句是否過於精簡，或是感覺不友善。
2. 打電話直接去要資料。
3. 親自跑一趟，去拜訪同事，並告知來龍去脈，請求協助。
4. 確認自己的E-mail是否清楚寫出你要的資料、及要求回覆的時間。
5. 再寫一封信，問他為何遲遲未回信。

→ 解析

1. E-mail的語氣過於精簡，容易造成誤會，例如：「Jack，10點開會，別遲到，謝謝。」光字面上就感覺有被命令的感覺。如果感覺不友善，再寫一封道歉的信，請求對方原諒。

2. 如果是熟悉的同事，打電話還可以，如果不是很熟悉，建議還是親自跑一趟，比較有誠意。

3. 見面三分情，親自拜訪說明來龍去脈，請求對方的協助，同時也可以觀察對方的表情、情緒，方便溝通與協調。

4. 這也是一個好方法，也許對方感覺不急，因此尚未給你。可以定一個明確時間，如果還未回信可能是意願或感覺的問題，此時最好親自跑一趟為佳，若可以配合E-mail及親自拜訪，會比較容易得到資訊。

5. 每個人都有自己的工作，但我們常常覺得自己的工作做重要，而忽略別人的感受，也許這份資料要花他2個小時整理，或其他行政規範，此時不宜用E-mail，建議採用電話或親自拜訪瞭解原由為上策。

⊙ 圖解

標題	簡潔有力、一目瞭然
字體	16～20標楷體、中黑體、深藍色
禮貌	問候與結尾，禮多人不怪
內容	精簡傳答，可用條列式方便瞭解
錯字	不要有錯字，送出前多檢查
時間	及時回覆感覺真誠，明確回信時間
客制化	單一對象、注意姓名、職稱、部門

溝通智慧語錄

無論何事，你們願意人怎麼待你們，你們也要怎樣待人。

——中文和合本聖經‧馬太福音7章12節
猶太教與基督教
（包括天主教、東正教和新教）的宗教經典

行動方案

1. 看一看平常寫E-mail的型式為何？
2. 想一想誰寫給你的信，你看得很舒服，又有哪些信讓你感覺不舒服？
3. 想一想你有哪些地方需要多多注意的？

心得感想

Lesson29

技巧19 向上溝通！
勇敢去敲老闆的門！

　　《戰國策》中有個描述郭靖君的故事：郭靖君是齊國的貴族，很受齊王賞識，後來與齊王發生一些爭執，擔心有天會鬧翻，因此打算在自己的封地築起高高的城牆。但此舉可能會引起齊王的猜忌，因此有不少賓客紛紛勸阻，但是郭靖君個性十分固執、不肯聽勸，同時下令不得讓任何賓客進入。就在眾人焦頭爛額之際，一位齊國的賓客要求見郭靖君，說：「我只說3個字，如果多說，我願意受烹刑。」最後，郭靖君決定接見他。

　　這位賓客快速走到郭靖君面前、說了「海、大、魚」3個字，說完急忙轉身就走。郭靖君大為不解，馬上急忙問「這是什麼意思，請您說清楚」。賓客說：「我不敢拿我生命開玩笑。」郭靖君才說：「沒關係，先生您請說吧！」於是，賓客才對郭靖君做進一步解釋：「先生，您看海中的大魚，是何等逍遙自在，魚網捕不住它。但它只要一脫離大海，就連小螞蟻都可以攻擊它。如今，齊國就是您的大海，若有齊王的信賴，您何須築牆？若無齊王的支持，牆築再高，也是於事無補呀！」郭靖君聽完，連連稱是，最後停止築牆的事。

先用主管的邏輯行事，再用主管的語言溝通

「向上溝通」是指訊息從低位者傳向高位者，目的是讓主管採用對你有力的方式來行事，就像這位賓客之所以可以打動郭靖君的心，是因為先順著上司的邏輯行事、再引發上司的興趣，最後用上司能接受的語言溝通。因為一般人都是用自己的想法、邏輯、觀點做事，而忽略「主管要的是什麼」。其實，用主管的邏輯做事，才能讓你溝通更有力。以下有3點分享：

1. 瞭解主管的核心價值觀：

每個主管都有些個人的處世原則與做事邏輯，這些價值觀是不容易妥協或改變的。例如：有人重視「守時」，你若遲到就犯了他的大忌。有人重視「效率」，一但效率不佳，他可能立即跳腳。若主管喜愛「創新」，而你卻過於「守成」，就不容易與主管產生交集，因此，找出主管的核心價值觀，才能避開地雷，投其所好。

2. 瞭解主管的期待與需求：

找出主管現在在想什麼、什麼是主管目前最大的挑戰，跟著主管的方向走，絕對沒有錯。例如：單位目前最缺業績，你能生出業績，自然就符合會受到主管的喜愛。你要有一個信念：「幫助主管成功，就是幫助自己成功」。

3. 瞭解上司的性格模式：

要能夠與主管有良好的溝通，關鍵是「找出主管的性格模式」，才能有效溝通、創造雙贏。

DISC把主管分為4種類型：

1. **主導型主管**：節奏快、以事導向，重視目標與效率。喜歡高挑戰性的工作，擅於組織執行力強，個人偏好掌控全局才安心。

   溝通策略：講話說重點，跟上主管的速度，多談目標其餘少談。

2. **人際型主管**：節奏快、以人導向，重視創新與感覺。喜歡與人有很多的互動，個人有衝勁富熱心，做事常憑感覺，討厭一板一眼的人。

   溝通策略：主動分享你的想法，樂於嘗試創新、要展現熱情與活力。

3. **分析型主管**：節奏慢、以事導向，重視思考與邏輯。喜歡精準完整的資訊，不喜歡意外狀況，個人偏向小心謹慎為優先。

   溝通策略：有規畫、有組織的分享，製作時間表與流程表，並按時回報進度。

4. **親和型主管**：節奏慢、以人導向，重視關係與和諧。喜歡與人建立關係，很好的傾聽者，擅長與人合作，最不喜歡有衝突感。

   溝通策略：重視團隊的和諧，他看重與你的關係，建議平時可以多請教主管、適時分享內心的感受，他們會很樂意幫助你的。

最後，請記得，主管不是你的敵人，是你的合作夥伴，與主管友好的互動，對你絕對有好處。

 應用練習

➡ 情境

就在下班前，你已準備好要跟好友去吃飯看電影，正要出公司的時候，主管把你叫住了，希望你留下來加班，協助處理一份重要文件。此時你會如何做：

1. 跟主管道歉，因為跟朋友約好了，不能留下來加班。

2. 人在江湖，身不由己，只好無奈跟主管說：「好吧！」

3. 好吧！主管既然開口了，就爽快的答應說：「沒問題，我可以留下來加班，一起把問題處理完。」

4. 先跟主管說：「沒問題，我可以協助。」同時詢問這份資料何時要，是否可以帶回家處理，明天一早給主管。

5. 告訴主管這一次可以加班沒問題，但希望下一次可以事先知道。

➡ 解析

1. 主管會覺得你不好用，因為他都開口要求了。別忘了，幫助老闆成功就是幫助自己成功！

2. 如果真的要做，不如就心甘情願的做吧！因為當你留下來、卻是不甘願的時候，表情可能會不好看，多少會帶給主管不舒服的感覺。

3. 能這樣的回答，是主管的最愛，因為主管也是人，也需要被支持，當你這麼說，等於用行動支持主管，別忘了，主管也是我們工作合作的夥伴。

4. 這是一個不錯的方式，先處理心情，再處理事情。不管如何，主管至少可以感受到你的誠意。

5. 歐美的文化應該沒問題，應考量單位的文化是否特別重視個人時間，否則此話一出，多數主管會感覺不舒服。

➜ 圖解

重事

分析型
・有規畫有組織
・喜歡按表操課
・按時回報進度

主導型
・講話要講重點
・重目標執行力
・速度快應變強

節奏慢　　　　　　　　　　　　　　　　節奏快

親和型
・重視團隊和諧
・看重彼此關係
・經常請教主管

人際型
・勇於分享想法
・主動嘗試創新
・展現熱情活力

溝通智慧語錄

你不必喜歡、崇拜、憎恨你的老板。但必須管理他，讓他為你的成效、成果和成功，提供資源。

——彼得・杜拉克（Peter Ferdinand Drucker）
美國作家、教授，被稱為「現代管理學之父」

行動方案

1. 想一想主管平時最重視的事為何？（例如：準時、誠實、效率）
2. 思考一下，主管目前最需要的協助為何？（例如：業績、人力、達成率）
3. 想一想你的主管的溝通性格為何？你需要有哪些的調整？

心得感想

Lesson30

兩性溝通：
用會讓對方感覺被愛的方
式表達

網路上流傳一篇文章：

有兩位手藝卓越的木匠，難分高下。有天，國王突發奇想，不如辦一次比賽，勝者封為「全國第一木匠」。於是，國王把兩位木匠找來，限時3天，看誰刻的老鼠最逼真，誰就是全國第一木匠。經過3天不眠不休地工作，他們把雕刻好的老鼠獻給國王，並請大臣們當評審。

第一位木匠的老鼠栩栩如生，甚至連鼠鬚也會抽動。第二位木匠的老鼠，遠看勉強是一隻老鼠，近看卻只有三分像。因此，大臣一致認為第一個木匠獲勝。但第二個木匠抗議說：「大王！要決定一隻老鼠的真假，應該由貓來決定，因貓的眼光比人還準確！」國王覺得有道理，就叫人帶來幾隻貓。沒想到，貓一放下，都不約而同撲向那隻看起來三分像的「老鼠」，並使勁的啃、咬、搶、奪，而那隻栩栩如生的老鼠卻完全被冷落了。國王只好把「全國第一」給了第二位木匠，並問他：「你是用什麼方法讓貓以為你刻的是老鼠呢？」木匠說：「大王，其實我只不過是用魚骨刻老鼠罷了！貓在乎的根本不是像不像，而是味道呀！」

同樣的，兩性溝通，不在於技巧好不好，而在於是否能貼近對方的心。

找出對方的情緒箱子，然後加滿它

常聽人家說「相愛容易相處難」、「我都做到這樣了，不然他還要怎樣」、「為什麼他以前都可以，現在變成另一個人似的」，相信許多人一定非常認同，兩性溝通是一門藝術，需要活到老學到老。其實兩性關係最大的挑戰，在於如何持續滿足對方情緒上的需要，兩性專家蓋瑞・巧門（Gary Chapman）這麼說：「每個人心中都有一個情緒箱子，等著被愛添滿。當感受到被愛時，行為才會改變；相反的，當愛的箱子是空的時候，對方行為就會產生問題。」因此，想要擁有優質的兩性溝通，最重要的，就是瞭解「感覺被愛的語言為何？」。

蓋瑞博士認為，滿足對方的情緒箱子有5種語言：

1. 肯定的言語：

口頭上的讚揚、欣賞的話語、感謝的言語，對他們都有極大的幫助。當他們被別人肯定的時候，就容易受激勵，他們會願意做一些事回報你。

你可以：寫卡片給他、當眾讚美他、表達你的感謝。

2. 精心的時刻：

把你的注意力專注在對方的身上，不做其他事，單單就是注視他的眼睛、耐心聽他說話、陪他做他喜歡的事。

你可以：傾聽他說話、陪他散散步、陪對方做他喜歡的事。

3. 接受禮物：

他們認為送禮物是一種愛的表現，他們對於特別紀念物特別有感覺，例如結婚戒指、項鍊等。他們看重的不是價值高低，而是心意。因此，自製的卡片、禮物最易令他們感動。

你可以：**多買一些小禮物送他、自行製作禮物、把自己當成禮物送他。**

4. 服務的行動：

是對方希望你做的事，你去做了，同時藉由替他們服務，讓他們感到高興，也許只是一些小事，拖地、洗衣、鋪床、開門……都可以滿足他們。

你可以：**主動打掃家裡、詢問對方期待我們做什麼？**

5. 身體的接觸：

他們是藉由牽手、親吻、擁抱來表達自己的愛意，特別是對方傷心難過的時候，沒有比擁抱他們更能讓他們感覺被愛。

你可以：**出遊時牽對方的手、出門前擁抱對方、幫對方按摩。**

當你發現對方主要的愛的語言時，記得經常不斷去練習、應用，但是其他四種也不要忽略，一但你用了對方主要語言溝通時，其他的語言將為你大大加分。現在就開始加滿對方情緒的箱子，對方的表現，將會超越你的期待！

應用練習

➔ 情境

你會用何種方法來瞭解對方的愛的語言為何：

1. 直接問他，你的愛的語言是什麼？
2. 觀察他，平常喜歡用什麼方式，來表達他的愛？
3. 記錄、觀察，平常你為他做了哪些事，他會特別的滿足？
4. 回顧過去，對方最常請求或要求你做的事什麼？
5. 回想你沒做哪些事、或做了哪些事對方會很生氣？

➔ 解析

1. 當然直接的詢問是最好的方式，但是還是有一些人自己的
   愛的語言模糊的也有。因此除了直接問，最好再加上觀察
   與印證。

2. 沒錯，這也是一個好方法，因為通常一個人會用自己希望
   的方式對待別人，所以如果對方很喜歡送你禮物，他愛的
   語言可能是送禮物，就算不是，對方至少不會討厭這種模
   式。

3. 這是很棒的發現，如果你發現你做完家事之後，他特別開
   心，也許他的愛的語言可能是服務的行動。因此多多觀察

並記錄，你一定會有意外的發現。

4. 是的，一個人最常提起的事，通常都是他在乎的事。想一想對方通常請求你做哪些事呢？一起出去用餐、或是要你幫他弄東西、還是要你送他禮物，這都是很好的線索。

5. 這是一種逆向思考，做了對方會很高興、不做會很生氣的，也是很棒的發現，例如當你大聲念他，或是直接批評他，他會很生氣，也許他愛的語言就是「肯定的言語」。

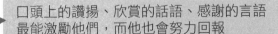

➔ 圖解

技巧篇

肯定言語	口頭上的讚揚、欣賞的話語、感謝的言語最能激勵他們,而他也會努力回報
精心時刻	注意力在對方的身上,就是注視他的眼睛,耐心聽他說話,陪他做他喜歡的事
接受禮物	他們看重的不是禮物價值高低,而是心意,自製的卡片、禮物他們最易感動
服務行動	對方希望你做的事,你去做了,同時藉由替他們服務,而讓他們感到高興
身體接觸	是藉由牽手、親吻、擁抱來表達自己的愛意,特別傷心難過時,給他一個擁抱

溝通智慧語錄

人類最深層的需要,就是感覺被愛、被欣賞、被肯定。

——威廉·詹姆士(William James)
美國哲學家與心理學家

✏️ 行動方案

1. 請找出你的另一半愛的語言為何？（或家人、好朋友）
2. 列出至少5項，可以滿足對方的行動方案。（例如：吃飯、
   肯定、送禮物）
3. 請找出自己愛的語言，同時告訴對方你的期待。

✏️ 心得感想

So Easy各行各業　508

一開口就打中人心：30堂正向思維溝通課

作　　　者　陳志勇

總　編　輯　張芳玲
主　　　編　張敏慧
文 字 校 對　林孟儒
美 術 設 計　謝靜宜
封 面 設 計　許志忠

TEL：(02)2836-0755　FAX：(02)2831-8057
E-mail：taiya@morningstar.com.tw
郵政信箱：台北市郵政53-1291號信箱
太雅網址：http://www.taiya.morningstar.com.tw
購書網址：http://www.morningstar.com.tw

發 行 所　太雅出版有限公司
　　　　　台北市11148忠誠路30號7樓
　　　　　行政院新聞局局版台業字第五〇〇四號
承　　製　知己圖書股份有限公司　台中市工業區30路1號
　　　　　TEL：(04)2358-1803
總 經 銷　知己圖書股份有限公司
　　　　　台北分公司　台北市106羅斯福路二段95號4樓之3
　　　　　TEL：(02)2367-2044　FAX：(02)2363-5741
　　　　　台中分公司　台中市工業區30路1號
　　　　　TEL：(04)2359-5819　FAX：(04)2359-5493
　　　　　郵 政 劃 撥　15060393
　　　　　戶　　　名　知己圖書股份有限公司
廣 告 刊 登　太雅廣告部
　　　　　TEL：(02)2836-0755
　　　　　E-mail：taiya@morningstar.com.tw
初　　版　西元2012年04月01日
定　　價　290元

國家圖書館出版品預行編目(CIP)資料

一開口就打中人心：30堂正向思維溝通課 / 陳志勇著.
　 -- 初版. -- 臺北市：太雅, 2012.04
　 面 ; 公分. -- (So Easy 各行各業 ; 508)
　 ISBN 978-986-6107-54-2(平裝)

1.人際傳播　2.人際關係　3.溝通技巧

177.1　　　　　　　　　　　101001487

掌握最新的生活情報，請加入太雅出版社「生活技能俱樂部」

很高興您選擇了太雅出版社的「生活技能」系列，陪伴您一起享受生活樂趣。只要將以下資料填妥回覆，您就是「生活技能俱樂部」的會員，將能收到最新出版的電子報訊息。

這次購買的書名是：生活技能／一開口就打中人心：30堂正向思維溝通課 （So Easy 508）

1. 您的姓名：_____ 性別：□男 □女

2. 您的生日：民國 _____ 年_____ 月_____ 日

3. 您的電話：_____ E-mail：_____

　　地址：郵遞區號□□□ - □□
　　_____

4. 您的職業類別是：□製造業 □家庭主婦 □金融業 □傳播業 □自由業 □商業 □服務業
　　　　　　　　　□教師 □軍人 □公務員 □學生 □其他

5. 每個月的收入：□ 18,000 以下 □ 18,000～22,000 □ 22,000～26,000
　　□ 26,000～30,000 □ 30,000～40,000 □ 40,000～60,000 □ 60,000 以上

6. 您是如何知道這本書的出版？
　　□ 太雅生活館的其他出版品上 □ 報紙的報導 □ 雜誌 □ 廣播節目 □ 書展
　　□ 逛書店時無意中看到的 □ 報紙的出版廣告 □ 網站 □ 朋友介紹

7. 讓您決定購買這本書的最主要理由是？
　　□ 封面看起來很有質感 □ 題材剛好適合 □ 資訊夠豐富 □ 內頁精緻
　　□ 內容清楚，資料實用 □ 價格可以接受 □ 知識容易吸收 □ 其他_____

8. 您會建議本書哪個部分，一定要再改進才可以更好？為什麼？
　　_____

9. 您是否已經照著這本書開始做了嗎？使用這本書的心得是？有哪些建議？
　　_____
　　_____

10. 您平常最常看什麼類型的書？
　　□ 檢索導覽式的旅遊工具書 □ 心情筆記式旅行書 □ 美容時尚 □ 美食名店導覽
　　□ 其他類型的生活資訊 □ 兩性關係及愛情 □ 食譜 □ 其他

11. 您計畫中，未來想要學習的嗜好、技能是？
　　①_____ ②_____ ③_____ ④_____ ⑤_____

12. 您平常隔多久會去逛書店？ □ 每週 □ 每個月 □ 不定期隨興去

13. 您固定會去哪些類型的地方買書？
　　□ _____連鎖書店 □ _____傳統書店 □ _____便利超商 □ _____網路書店 □_____其他

14. 哪些類別、哪些形式、哪些主題的書是您一直有需要，但是一直都找不到的？
　　_____

15. 您曾經買過太雅其他哪些書籍嗎？
　　_____

填表日期：_____年_____月_____日

太雅出版社 編輯部收

10699 台北郵政53-1291號信箱
電話：(02)2836-0755

傳真：**02-2831-8057**
（若用傳真回覆，請先放大影印再傳真，謝謝！）

太雅

有品味的生活學習，從太雅出版社開始